暮雨潇潇，忆浮世悲欢

历代风雅才子的写意人生

杜翠云 著

北方联合出版传媒(集团)股份有限公司
万卷出版有限责任公司

ⓒ 杜翠云 2024

图书在版编目（CIP）数据

暮雨潇潇，忆浮世悲欢：历代风雅才子的写意人生 / 杜翠云著. — 沈阳：万卷出版有限责任公司，2024.8
ISBN 978-7-5470-6436-8

Ⅰ. ①暮… Ⅱ. ①杜… Ⅲ. ①文人—生平事迹—中国—古代 Ⅳ. ①K825.4

中国国家版本馆CIP数据核字（2023）第244156号

出 品 人：	王维良
出版发行：	北方联合出版传媒（集团）股份有限公司
	万卷出版有限责任公司
	（地址：沈阳市和平区十一纬路29号 邮编：110003）
印 刷 者：	辽宁新华印务有限公司
经 销 者：	全国新华书店
幅面尺寸：	145mm×210mm
字 数：	150千字
印 张：	6.75
出版时间：	2024年8月第1版
印刷时间：	2024年8月第1次印刷
责任编辑：	朱婷婷
责任校对：	刘 洋
装帧设计：	张 莹
ISBN 978-7-5470-6436-8	
定 价：	42.00元
联系电话：	024-23284090
传 真：	024-23284448

常年法律顾问：王 伟 版权所有 侵权必究 举报电话：024-23284090
如有印装质量问题，请与印刷厂联系。联系电话：024-31255233

序言

不止一次听人叹息，古代才是文人的时代。如今的人们，被现实所累，不要说有文人的风骨了，甚至连书都很少读了。而那些特立独行的文人，终究是我们不能抵达的。

鲜衣怒马也好，落拓江湖也好，小楼听雨也罢，醉倒花丛也罢。似乎，每一个人都能有属于他自己的恣意与骄傲。也似乎，每一个人都能在嘈杂的世俗中觅得属于自己的安宁与浸润。

提到屈原，念念不忘的是他的忠君爱国，至死方休；还有人幻想着，曹植与洛神的相遇，是乱世里的一抹清丽；陶渊明，为我们构筑了一个心驰神往又难以抵达的世外桃源；一提到潘安，我们会自动脑补出明眸皓齿、玉树临风的翩翩公子；柳永，直到现在还被人们奉为多情男子的鼻祖；而那个痴痴地唱着桃花歌的唐伯虎，依然是一副摇着扇子、风流倜傥的模样。

事实真的如此吗？每个人物都能像诗词中留下的印象那

样高蹈独立、伟岸不凡、深情不渝、放荡不羁吗？

殊不知，历史太过厚重，我们了解的始终只是冰山一角。天真的我们以为，读了李白的"蜀道之难，难于上青天"就读懂了他的浪漫；了解了陶渊明的对田园的呼唤，就理解了那个时代的清隽与洒脱；甚至读了柳永几句"杨柳岸，晓风残月"，就真以为他是多情的才子……

这是多么可悲的事啊，"窥一斑"就以为抓住了奔驰的猎豹，殊不知猎豹的血肉，与它所纵横的草原，以及经过的山川草木，都是它的一部分。

"知人论世"从来不是玩笑，对诗词的理解如果摒弃他所经历的喜怒哀乐，脱离了他所处的时代，这个人不过是一副虚假的皮囊，不过是没有灵魂的躯壳。

那些我们伸长脖子、踮起脚仰望的文人才子们戴着或秦或汉、或唐或宋的帽子，穿着"爱国诗人""田园诗人""盛世才子""魏晋风流"等衣裳，飘忽而来，飘忽而逝，我们翻看历史或文字，抓得住的也不过是虚幻的影子。

生死恨，别离苦，寻常世人往往都不能免俗。任何一本书都无法真正做到彻底地理解一个人，更遑论一个时代，这本书同样无法做到。

我们所能做的，不过是尽力地挖掘文人俊才在属于他们的时代中的行动轨迹，给那些模糊的影子灌注一丝丝气息和血液，让他们多一些情感，多一些真实，更自如地游走于这泥泞的历史和广袤的大地。

浮生一晌，电光石火。历史的洪流滚滚，每个人的爱恨最终都会被冲刷殆尽，很久之后，我们也会逐渐忘却他们曾经历的岁月，那些笔耕不辍留下的文字也会渐渐褪色。但是，如果那些微微闪光的日子曾被记录过，曾被看到过，甚至曾经影响过某些人，那他们的一生便会因记录而更珍贵，因记得而更绵长，因影响而更有意义。

这些风雅才子所处的时代不一、身份不一、成就不一，甚至后世对他们的评价也是褒贬不一，可是这并不妨碍他们在属于自己的时代里找到自己的一隅天地。在一袭风月里，吟赏烟霞；在桥边红药旁，弦歌自娱；在山川风物间，凝神小憩；在喧嚣市井中，体察悲欢。

譬如，在这本书里，你会看到——

名士梁鸿穷极一生，追求隐逸，粗茶淡饭亦不忘礼；

阮籍为了不依附，选择酩酊大醉麻痹自己，荒唐度日，只为做回自己；

白居易倾其一生获得诗坛的辉煌，却也在无人的夜晚为年少的遗憾哀叹；

高适从布衣到土侯的逆袭经历，并非偶然，而是在不同的时空，用自己的方式践行着"拼搏"；

在翻阅《饮水词》时，会记得这里也记录着清初顾贞观和纳兰性德那一段情谊；

张问陶和林颀那段缱绻的爱情故事里，隐隐飘着梅花的暗香，甚至想要去苏州的光福镇"香雪海"走一遭……

风烟俱净，人事成沙。书中那些模糊不清的影子已永无可能重塑他们的形状,但看过这些故事以后,至少他们的文字或生活的姿态会或轻或重、或近或远地跌落在我们的心头。我们的一生与多少喜悦相拥,与多少无奈偶遇,谁也无法丈量。在我们迷茫无助、彷徨失措、踌躇不前、踽踽而行之时,那些已渐渐褪色的笔触,那些历史故事或多或少会与我们的某个瞬间重叠,提醒着我们并不孤独。

俗韵纷杂,人情冷暖,觅一方安宁,寻一丝馨香。这不是奢望,而应该是每一个热爱生活的人应有的本能。书中的人们已然作古,可他们的故事和笔下的文字却依然有迹可循,轻捧一卷诗词翻阅、聆听,也不失为清雅之事。

或许有人会置喙:"诸如此类的书太多了,我都不知道该如何选择,也不确定这本书就是对的。"诚然,书籍的世界"乱花渐欲迷人眼"。但是,阅读是一种私人的体悟,不必过分执念,也没有必要左右为难。

记得读书的时候,一位老师曾对"如何选择适合自己的书籍"这一话题这样回答:"没有什么书是适合的,只要它能给你慰藉,给你滋养,让你有所收获,它就是好的。"这句话不断激励着我,去翻开一本又一本新书,走进一个又一个故事,认识一种又一种陌生而熟悉的人。

故而,只要你愿意翻开一本新书,读下去,它便是适合你的。而后,或铭记,或遗忘,或赞叹,或惋惜,那都会凝聚成微光点点,点缀属于你的无边岁月。

窗外生机勃勃的鸟鸣啾啾,簌簌的树叶在风中作响,苏州的空气里带着特有的湿意。想到在某个阳光细碎的午后，有一个个温暖的你，打开这本小书，从中得到了些许安慰或充实，我便忍不住嘴角的笑意。

因为，有人读我写的文字，那便是我的幸福！

杜翠云

2021年8月于苏州

序言 // 001

第一卷　一曲清辞·秦汉

犹记芳草美人香：屈原 // 003

他年谁寄相思锦：秦嘉 // 010

一路执手唱隐歌：梁鸿 // 017

乱世琴声不堪奏：蔡邕 // 023

第二卷　林间呓语·魏晋

凭谁怜解西风意：曹植 // 031

醉生梦死又何妨：阮籍 // 036

折取流年祭相思：潘岳 // 041

归思难收泪长流：庾信 // 047

归去当歌醉中眠：陶渊明 // 053

第三卷　花间酣唱·唐代

王侯白衣自有时：高适 // 063

此生长恨半生缘：白居易 // 070

是我做错多情种：元稹 // 076

山月不知心里事：温庭筠 // 083
漂泊亦是修行法：刘禹锡 // 089
好梦总被风流误：杜牧 // 095
世间若得安全法：李商隐 // 102

 第四卷　晓岸风吟·宋元

灯影阑珊忆少年：柳永 // 111
人生自是有情痴：晏几道 // 117
侠骨柔情草木香：贺铸 // 122
临风一叹卷珠帘：卢挚 // 129
一半因花一半酒：徐再思 // 136
人生难得一出戏：王实甫 // 143

 第五卷　天涯离歌·明清

半生已尽不言情：唐寅 // 153
云水天长自癫狂：徐渭 // 159
谁把流年暗偷换：叶绍袁 // 165
开到荼蘼花事了：张岱 // 172
一曲金缕酬知己：顾贞观 // 179
萧索平生岂堪问：黄景仁 // 186
爱君笔底有烟霞：张问陶 // 193
末路幽花一词魂：蒋春霖 // 200

第一卷

一曲清辞·秦汉

犹记芳草美人香：屈原

> 朝搴阰之木兰兮，夕揽洲之宿莽。
> 日月忽其不淹兮，春与秋其代序。
> 惟草木之零落兮，恐美人之迟暮。
> 不抚壮而弃秽兮，何不改乎此度？
> 乘骐骥以驰骋兮，来吾道夫先路！
>
> ——屈原《离骚》节选

端午将至，江南的街头巷陌，弥漫着糯米的浓香和粽叶的清香；茶余饭后，波光粼粼的湖面上又泛起了龙舟，在欢欣鼓舞中拨桨竞发。

撑一支船篙，随着长江逆流而上，追溯到战国时期楚国那一片淳厚质朴的土地。在楚水之畔，我们似乎可以觅得屈原的一缕魂魄。

在众多高中学子又恨又爱的《离骚》中，屈原曾这样毫无保留地向世人展示着自己的先祖和家世：

> 帝高阳之苗裔兮，朕皇考曰伯庸。摄提贞于孟陬兮，惟庚寅吾以降。皇览揆余初度兮，肇锡余以嘉名。名余曰正则兮，字余曰灵均。

身为皇族之后，本是贵胄公子，屈原却并没有居矜自傲，而是将自己厚厚的身份包裹打破，还原成一个眉目如画、笑意温柔的少年。

他自幼读书成癖，博学多通。世传，他曾于"石洞读书"，读一些民歌俚曲，如《楚公逆镈》《楚人歌》《沧浪歌》等，从竹简璞石间获取足够的性灵和智慧，在字里行间奠定了他为国为民的初心。

富贵的生活没有养成他好逸恶劳的恶习，反让他对自己的要求更加严格。当其他的纨绔子弟心智未开、混沌度日时，他已悄然玉立，赫赫修仪。

所见之人皆赞叹，所遇之人皆称美，这并非一件顶好的事。那时，正是奴隶制度向封建制度社会变革的时期，在这样的夹缝中生存，贵族面临着巨大挑战。如何独善其身，如何守住自己的"贵"，并非易事。

好在，他的父亲目光长远，时刻叮嘱，屈原便在谆谆教诲中勤于自省、自律，始终保持对自我的约束与坚守。只要初心还在，他就永远不败。

公元前321年，秦军犯境，弱冠之年的屈原组织乐平里的青年奋力抗击，他的口才不需多说，只知道当时的他各种战术信手拈来，响应者甚众，敌人在沉重打击中节节败退。

屈原的才华与名声，像插了翅膀一般，慢慢地飞出了那一小片山水。次年仲春三月，在那个烟柳飞花、花落满城的季节，屈原应怀王之召，进京为官。

作为皇族后裔，他的志向非常人可比——用美好的德行思想教育贵族子弟，用悦耳的楚地音乐熏陶国人情操，用端肃的仪礼训练出优雅风姿。

公元前319年，升任楚怀王左徒以后，屈原有了报效国家、发挥才干的好时机。他上可朝堂议事，下得民间爱戴，在内是国家栋梁，在外可应对诸侯，一时间屈原光芒耀眼，风头无两。

此后多年间，他试图改革楚国的贵族特权制度，开始忙于变法改革。楚怀王甚至已授权屈原负责起草国家宪令，合齐国之力，一起抗秦。这些利民措施得到百姓的无限拥戴，却不可避免地触及了顽固贵族势力的利益。

在上官大夫等人的眼中，这不是治国的强干，而是夺权的前奏。享惯了尊荣的权贵们怎能接受权力的旁落？又怎能接受骄奢淫逸的生活被战争打破？

于是，在屈原草稿未定之时，上官大夫便向楚怀王诬告屈原，使之"信而见疑，忠而被谤"。他说了什么并不重要，重要的是——楚怀王不信他。

楚怀王虽不反对改革，却不愿看着屈原的威望日益强大，王权的光芒衰微；另一方面，改革过快很有可能激发贵族内乱，导致统治势力的动摇。

事已至此，屈原被贬谪、被疏远的命运已不可避免。公元前314年，屈原被罢黜左徒之官，任三闾大夫。

如果他能及时止损，看清楚怀王的不坚定，切断与小人们之间的纠葛，他的命运或许可以改写。只是，如果那样，他就不是屈原了。

即便被疏远，即便被贬谪，屈原的志向始终不曾变过，只要有发言的机会，他就一定会逆流而上。

为打破楚、齐的联盟，秦国使臣张仪向楚国许下"楚国如果能和齐国绝交，秦国愿意献出商、於一带六百里土地"的口头支票。楚怀王却天真地信以为真，以为可以倚靠秦国这棵大树，便违背盟约，与齐断交。身为三闾大夫的屈原看穿了一切，极力劝谏，却被楚怀王一纸皇命，流放汉北地区（今河南西峡、淅川、内乡一带）。

此后数年，屈原在外颠沛流离，已彻底远离了楚国的政治核心。楚怀王对待屈原的态度也一度让我们极度愤懑：屈原仗义执言，他不喜时，便将屈原流放；屈原有经世之才，他需要时，便将其召回。

然而，屈原依然不停地表明自己的心志，希望能上达天听，他的满腔热情始终抛洒在这片他深爱的土地上。

屈原的执着，不过是对楚国那份沉沉的惦念。

臣事明君，将遇良才，这是文人多大的幸运啊。奈何，屈原生不逢明主，被迫离开权力的中心，悲剧的一生缓缓写就。

他游历汉北，种下香草，以安慰自己孤独的灵魂；他自比美人，鲜血淋漓中献出自己的一片芳心；他行吟泽畔，缓缓梳理自己的一生。

他在诗歌的灵感里徜徉，挥斥着贵族之气的孤傲，播撒恣肆天地的浪漫，倾注着无比忠贞的爱国之情。

他把江离芷草披在肩上，把秋兰锁佩挂于腰间，他用树木的根编结茝草，再把薜荔花蕊穿在一起，"朝饮木兰之坠露，夕餐秋菊之落英"。

怎么看，这都是一副修己悦己、仪容端方的磊落模样，却因此成为被批判的对象，"众女嫉余之蛾眉兮，谣诼谓余以善淫"。事实上，想要诋毁一个人，一瞬间便能找出上百种的借口，屈原的美好终究成了众人嫉恨的根源。

那些嫉恨他的权贵，虽然阻挡了他施展抱负的步伐，却无法阻挡那一片滚烫炽热的心，无法阻挡艺术穿透时空的美。

他说"苟余情其信姱以练要兮，长顑颔亦何伤"，只要我的情感坚贞不移，形销骨立又有什么关系；他说"亦余心之所善兮，虽九死其犹未悔"，为了心中追求的美好，就算死上多次也不后悔。就算是被人谗妒，就算是被人构陷，他也要保持内心的馥郁温柔，在披发行吟的路上"制芰荷以为衣兮，集芙蓉以为裳"。

这些孤单的心事，他最想说给楚王听，只可惜他所忠诚的楚王，并不具备一个大国明君的眼光和气度，更不似流水知音听得到他的呐喊。屈原的一片芳心，终究是错付了。

听信谗言的楚怀王终于被秦国诱捕，客死他乡。

被流放在外的屈原，虽忧伤自己不被重用，不被理解，却依然眷恋楚国，心怀黎民。楚顷襄王即位以后，不思进取，听任奸佞小人祸国殃民。

屈原眼看着楚顷襄王这样自断前程，楚国亦是气数将尽、行将就木，心中自是愤怒，自是焦急。他向来不善于欺上瞒下，再次选择了直言不讳地上谏。

比之怀王，楚顷襄王的心胸更加狭隘，一怒之下将屈原驱赶到更偏僻的江之南，他开始彳亍独行于长沙、郢都、汉口等地。哀莫大于心死的屈原，一日日面色憔悴，一日日形容枯槁。

公元前279年，秦国悍将白起攻打楚国，引水灌城，一下子淹死楚国军民几十万人，还攻占了屈原的出生地、楚国的国都——郢。一国之都、落叶之根被灭，身为游子的屈原无家可回，无处可依。

我想，这可能是压倒他的最后一根稻草。

有人说，屈原为人太理想化，既不懂人情世故，又不顾君臣身份，所以才会被同事陷害，被楚王不容。

从头数，他的一生，是悲剧的一生，更是值得仰视的一生。高贵的血液使他绝不肯独善其身、罔顾国与民，诗人的情怀使他不屑于奴颜媚骨、曲意去逢迎,只能选择纯粹的生和死,回报这个他始终热爱的世界。

楚顷襄王二十一年(公元前278年)五月初五,屈原梳洗整沽,穿上正式的朝服,来到汨罗江边。一幕幕往事蹙上眉头,涌上心头——

他曾于这江畔写下《招魂》,表达对楚怀王的祭祀;

他曾于这江畔与渔父对话,表明"举世皆浊我独清,众人皆醉我独醒";

他曾于这江畔,远远地想起家乡的亲人和朋友,想起他曾深爱的故国土地;

他曾于这江畔,幻想着乘舟而上,再回朝堂,挥斥方遒自己的满心志向……

水中的身影被风吹碎了,风中的身影被水浇湿了,他闭上眼睛,双手颤抖着:故国已湮没,志向已无存,纵使天地广,何处容我身?与其苟活于世,不如与楚共灭。

他悄悄地划了一艘小船到江心,轻轻一跃,留下千古悲歌。

他的身影渐渐消失在历史画面之外,只有那一支支悲歌在潺潺地流响,只有那江畔的芳草时时开谢,影影绰绰地摇曳在人们的心上……

他年谁寄相思锦：秦嘉

> 人生譬朝露，居世多屯蹇。忧艰常早至，欢会常苦晚。
> 念当奉时役，去尔日遥远。遣车迎子还，空往复空返。
> 省书情凄怆，临食不能饭。独坐空房中，谁与相劝勉？
> 长夜不能眠，伏枕独辗转。忧来如循环，匪席不可卷。
>
> ——秦嘉《赠妇诗》其一

美人迟暮，红颜老去，最是让人怜惜。可如果美人依旧，红颜常驻，却再等不到那双凝望的目光，人生又有何意义呢？

菱花镜前，容颜已碎。可是回望从前，徐淑眼中的柔情却一如既往地澄澈清明，那个对她牵肠挂肚的男子，那个让她矢志不渝的男子，从未改变模样。

在民风质朴的陇西，秦嘉与徐淑的婚事是一场众望所归的盛事。

琴瑟和合，钟鼓齐鸣。一片鼓乐声中，秦嘉徐徐掀开了新娘子的盖头。她含羞带怯，笑语嫣然，一双水眸映出的秦嘉有几分激动，有几分紧张，微微颤抖的两双手慢慢交叉紧握。这一握，就是一生。秦嘉大婚的喜悦溢于言表，更曾用《述婚诗》二首记载了婚礼的隆重，以及自己能赢取心爱之人的喜悦：

> 纷彼婚姻，祸福之由。
> 卫女兴齐，褒姒灭周。
> 战战兢兢，惧德不仇。
> 神启其吉，果获令攸。
> 我之爱矣，荷天之休。

——秦嘉《述婚诗》其二

美好的时光里，每一天都是好天。花胜赏，便漫步小径，执手相看；微风起，方可倚栏远眺，眉月投心；香袅起，最宜捧卷读诗，窃窃言语。月光里，花影下，玉人双双，谱写你侬我侬的动人诗篇。

新婚不久，徐淑身体不适，常常精神不振，愁苦缠身。当时的秦嘉任上掾之职，负责州郡的一些琐碎事务，被杂事所累，分身乏术。可秦嘉又担心妻子身体，不忍冷落徐淑，一时间陷入两难。徐淑一向通情达理，不愿秦嘉"内顾旷职"，便决定回娘家调养。

本是燕尔新婚，情深意浓，却不得不分居两地，遥望怀人怎不叫人唏嘘。但是，幸福的日子里，鸿雁传书，聊寄相思，思念之苦其实也裹着甜。这一日，徐淑收到了秦嘉的家书：

> 暧暧白日，引曜西倾。啾啾鸡雀，群飞赴楹。
> 皎皎明月，煌煌列星。严霜凄怆，飞雪覆庭。
> 寂寂独居，寥寥空室。飘飘帷帐，荧荧华烛。
> 尔不是居，帷帐何施？尔不是照，华烛何为？
> ——秦嘉《赠妇诗》（节选自《玉台新咏》卷九）

身为七尺男儿，秦嘉毫不吝啬表达，他坦言妻子离开之后，自己"寂寂独居，寥寥空室"，那份茕茕孑立的孤独是难以忍受的。没有妻子，再华美柔软的罗帐也只是虚设，再璀璨耀眼的灯烛，也不过是无用。那一刻，男儿有泪，徐徐而下，没有人会嘲笑他的深情。

不知不觉，已至岁末。秦嘉作为郡上计簿使赴洛阳汇报工作，这是他政治生涯的好机会，抓住了便可能平步青云，放弃了也许此生就庸碌无为下去。作为传统文人，秦嘉的骨子里自是想抓住这个机会，也不枉他满腹的才志。不久，秦嘉被任命黄门郎，总能经天纬地一展抱负，但他始终不忘荆钗布裙家中娇妻。

意方动，心已随着鸿雁飞到了徐淑身旁。他派去了接她至洛阳的车驾，带去的还有他的相思几许，化成笔墨说与她知。

徐淑静坐窗前，翘首以盼的目光有了回应的消息，抚摸着信中的字迹，想象着夫婿春风得意的神情，想象着远人毫不掩饰的思念，嘴角不由自主漾起了柔波。只是，徐淑收下了他的相思，却未能亲自前往。事实上，此时的徐淑疾病已深，根本无法承受车马劳顿之苦。

徐淑也许不会知道，身在洛阳的秦嘉是如何望眼欲穿，是如何满怀期待。当看到派去的车马空空而归"遣车迎子还，空往复空返"，他的那份失落在那一瞬间凝成了霜。秦嘉心思起伏，给妻子寄出第一首《赠妇诗》表达相思之情，表明自己的心志："长夜不能眠，伏枕独辗转。忧来如循环，匪席不可卷。"

好的感情，是需要交流、回应的。丈夫前途光明是喜，丈夫一心牵挂亦是喜，然而她病体缠绵，不能与他共襄美事、携手共进，至少也不要成为他的负累吧。她所能给他的，也只有书信一封。"淑得书，以疾未愈，不能往，报以此书"：

妾身兮不令，婴疾兮来归。沉滞兮家门，历时兮不差。
旷废兮侍觐，情敬兮有违。君今兮奉命，远适兮京师。
悠悠兮离别，无因兮叙怀。瞻望兮踊跃，伫立兮徘徊。
思君兮感结，梦想兮容辉。君发兮引迈，去我兮日乖。
恨无兮羽翼，高飞兮相追。长吟兮永叹，泪下兮沾衣。

——徐淑《答夫秦嘉诗》

徐淑的善解人意与情谊深厚，多多少少安慰了秦嘉寂寥而又苍白的心。他担心妻子病中无聊,心思愁闷,便又托人为徐淑带去礼物——宝钗、鞋子、好香以及自己经常弹的素琴,以慰思念之苦。他在《重报妻书》中认认真真说了自己此举的原因:"间得此镜,既明且好,形观文采,世所希有。意甚爱之,故以相与。并致宝钗一双,价值千金;龙虎组履一纳,好香四种各一斤;素琴一张,常所自弹也。明镜可以鉴形,宝钗可以耀首,芳香可以馥身去秽,麝香可以辟恶气,素琴可以娱耳。"

这份细致与贴心,哪一个女子不眷恋,哪一个女子不感怀?徐淑将秦嘉的书信熨帖自己的心,感受自新婚便不曾停止的悸动,眼前的物件虽小,却承载着他一腔的挚情。

寒来暑往,燕雀归巢。秦嘉又陆陆续续寄了几封《赠妇诗》。他不顾"河广无舟梁,道近隔丘陆",决定亲自驱车,前往徐淑处面叙款曲,怎奈"浮云起高山,悲风激深谷",交通不便,未能成行。他遥寄礼物,款款深情,却终究不能面面相对,痛诉心肠。

离别的日子里,欢乐愈少,忧愁益增。也许这样,久别以后的重逢才更加可贵吧。秦嘉这样告诉自己,一边翘首企盼,一边悉数流年,徐淑也一如既往地期许着,盼望着。

然而,不测风云骤降,惊破一对鸳鸯。那一日,徐淑像往常一样,煮一壶沸腾得正好的茶,在盘旋的袅烟里,翻开他写的书信,等他。可她再没等来相会的日子,却听到了秦嘉病死的噩耗。延熹七年(164年)冬,汉桓帝南巡,远至云梦,濒临汉水。秦嘉奉命随行,途中感染风寒不治,病逝于津乡亭（今湖北江陵县）。

泪水已流尽，心头已疮痍。徐淑不顾天寒地冻、山高水恶，不顾病魔缠身、亲友劝阻，毅然亲往洛阳扶柩归葬。她心心念念的，只有那孤零零地躺在冰冷的棺椁里的她的夫婿——秦嘉。她只要他跟她回家。

她本想抱着与秦嘉的回忆，抚养孩子成人，然后孤独终老。可她"性行暴如雷"的兄弟竟找上门来逼她改嫁。她这才明白，失去了丈夫，她连自己的人生也不能做主了。她凄然一笑，拿起平日做女工的剪刀，毫不怜惜地朝自己的脸上划去——没有了这张皮囊，谁还会逼她嫁人呢？两行清泪和着鲜血涌了出来，徐淑义正词严地写下《为誓书与兄弟》："将欲长育二子，上奉祖宗之嗣，下继祖祢之礼，然后觐于黄泉，永无惭色。"

从此，再也没有人可以将她从秦嘉的身边夺走。

后来，明人胡应麟在《诗薮》中这样评价他们："秦嘉夫妇往还曲折，具载诗中。真事真情，千秋如在，非他托兴可以比肩。"寥寥数语，将秦嘉与徐淑的过往作结，虽也恳切，虽也真挚，却依然遮不住他们至死未重约的心伤。

徐淑颤颤巍巍地想起前生，始终忍不住遗憾，他奔赴洛阳之时，她没能与他相见；他派车来接时，她没有前去团聚。南飞的大雁又重回，可再也盼不来温暖她岁月的一封封书信了。往事一幕幕，慢慢化作一首不成曲调的歌，散落在她日渐微弱的气息里：

最肯忘却古人诗,最不屑一顾是相思。
守着爱怕人笑,还怕人看清。
春又来看红豆开,竟不见有情人去采。
烟花拥着风流,真情不再……

一路执手唱隐歌：梁鸿

> 陟彼北芒兮，噫！
> 顾瞻帝京兮，噫！
> 宫阙崔嵬兮，噫！
> 民之劬劳兮，噫！
> 辽辽未央兮，噫！
>
> ——梁鸿《五噫歌》

日升月落，岁月辗转，梁鸿已经不记得这是和妻子孟光隐居的第几个年头了。吴地山清水秀，民风淳朴，他给人做工舂米，供养家用，回家有妻子的热汤暖饭，互诉情衷。这样简单的日子，虽有贫苦，却格外踏实。

这一日，雇主皋伯通来四处巡视，偶然看见了孟光给梁鸿送饭。这本是乡野生活的一个小小剪影，却深深震撼了皋伯通的心。只见身材粗壮、皮肤黝黑、衣着朴素的孟光恭恭敬敬地走到身姿俊伟、眉目清秀的梁鸿面前，微微颔首，把盛饭的盘子高举齐眉,才请梁鸿进食。

皋伯通满心疑惑:若是寻常雇工,怎会顾及这诸多繁文缛节,而且在无人知晓的情况下让妻子守礼知节?可若是有经世之才的隐逸高人,他又怎会娶了这样一个粗笨鄙俗的妻子呢?弄清楚来龙去脉以后,皋伯通方才恍然而悟,马上把梁鸿一家奉为上宾,以礼相待,对孟光也多了几分钦佩与赞赏。

梁鸿与孟光的过往,才被一一提起。

少年时期的梁鸿,像许许多多个年轻人一样,没有什么传奇色彩,反而多了一丝黑色幽默。他饱读诗书,博学多通,在太学结束学业以后,并未像很多文人一样著书立说,反而选择在皇家林苑——上林苑放猪。

一场失误引发的大火,使他失去了住所,还波及周围的人家,可这事故中却无处不彰显着梁鸿的风度与人品。他挨家挨户去查问损失,主动提出赔偿。有一家人嫌赔得少,梁鸿便提出做工来补偿,并且勤勤恳恳,毫无怨言。尽管那家主人后来被梁鸿的高风亮节打动,愿意将赔偿原数奉还。梁鸿却坚决推辞,完成赔偿以后决定回乡务农。

自耕自收,读书养性,梁鸿的生活平淡如水,悄然已至而立之年。此时,他在上林苑的事迹早已传遍了整个扶风县,乡人仰慕他的高洁品格,崇拜他的满腹才华,纷纷想招这位穷乡僻壤里的高人为婿。梁鸿心如明镜,了然这些人心里的盘算,无非是想借他微不足道的赞誉加诸自身,于是将前来提亲的人一一拒绝。

谁也没料到，最后得到梁鸿青睐的，是当地有名的又丑又黑的老姑娘——孟家女。不得不说，她在当时也是一个传奇。

孟家虽不是高门贵族，却是当地数一数二的富庶之家。按理，富养的小姐就算不能倾国倾城，至少也是养尊处优，肤白貌端。偏偏孟家女一样都不占——粗眉大眼，身材矮小壮实，肤色黧黑。即使在今天，这样的样貌也是乏善可陈，更不用说在重视门第和容止的汉代了。孟家女的爱情之路遍布荆棘，一是自己的先天条件，一是世人的流言可畏。就这样，她一直没有成亲，成了老姑娘。

即便如此，孟家女也不愿将就。特别是听说了梁鸿的事迹以后，被他的才貌与人品折服，她甚至许下了诺言——嫁人当嫁梁伯鸾。她也坚信，梁鸿那样的君子能透过她的皮囊看到她的内心，欣赏她，喜悦她。

一切好像都是水到渠成。梁鸿听到孟家女的事以后，迅速请人来下聘礼，两家很快商定了婚嫁之期。

像所有新婚女子一样，那一天的孟家女头上满珠翠，身上遍丝罗，比任何时候都要光彩照人。然而，这样的她却让梁鸿大失所望，连看都不愿多看她一眼。他想要娶的，不是装点门面的大家闺秀，而是那个真诚朴实的、不被外在束缚的丑姑娘。

得到了答案，孟家女不但不恼，反而喜形于色。她缓缓绾起长发，换上粗布衣，拿出劳作工具。她的所作所为也不过是想验证一下，她的夫君是否名副其实、贤明赤诚。说完,莞尔一笑,开始穿梭织布。梁鸿喜不自胜,为妻子取名为孟光,字德曜,意思是她的仁德如同光芒般闪耀。

对于很多人来说,爱情不是门当户对的炫耀,而是心有灵犀的熨帖。孟光若看不穿梁鸿的视而不见,那她便无法与他共患难,心意相通。梁鸿有心试探,而她也在故意掩饰。如果梁鸿出于虚荣,默许她的花枝招展,那他也非她中意的才貌俱佳的良人。

三观始终一致,共同赢取了这场博弈,梁鸿与孟光才算揭开了婚姻的序幕。

男耕女织,粗茶淡饭,看山间日落,听林间鸟鸣。这样执手一生,也堪称一段佳话。只是平静日子总免不了世俗烦扰,慕梁鸿之名而来的人虽不频繁,却从未断绝,请他撰文的有之,求他教学的有之,甚至劝他入仕的亦有之。生活没有那么坏,也没有那么好。

那天,月色清凉,光芒皎洁,孟光徐徐启唇:你曾说遁世归隐,避尘世纷扰,却为何沉吟至今,未有绸缪?梁鸿这才幡然醒悟,成婚以后,他身旁有妻,从未操劳,竟连最初的志向也抛诸脑后。至此,已无须多言,他的心里有了盘算。

第二日,踏着被雾湿的小路,就着未尽的月色,梁鸿毅然携手孟光归隐灞陵山中。居无所,他们就着岩石,用枯枝和茅草搭起草棚;食无谷,他们开垦荒地,种上小麦和谷物。闲暇时,梁鸿便弹琴娱乐,孟光便穿针引线。普普通通的日子便在这一弦一柱、一丝一缕中晃悠悠地过去了。

虽说酒香不怕巷子深，可真正的隐士是怕的。灞陵的山并不幽深，也不算陡峭，挡不住那些俗套的人登门拜访。梁鸿在家乡的日子再次重演，他们不胜其扰，决定东出潼关，取道京师洛阳，去更幽深的地方继续归隐生活。

一路上，看到洛阳城中巍峨富丽的宫殿群，再想到穷苦百姓的艰难挣扎，梁鸿困顿已久的思绪终究还是倾泻而出。他随口而吟，作了那首《五噫歌》：在那高高的北邙山上，俯瞰壮丽的都城洛阳，宫殿连云蔽日雄伟异常，也遮住了百姓的忧伤。连绵不断的宫殿，是一个遥远的地方。孟光听懂了他心里的歌，并且鼓掌称贺。

但是，不是所有人都喜欢听真话，尤其是批评的真话。当时在位的东汉章帝刘炟听闻这首歌后，龙颜大怒，传令各地捉拿梁鸿夫妇。他们隐姓埋名、颠沛流离、掩盖行踪，这才逃过一劫，在齐鲁之地过了几年太平日子。这些，孟光从换上荆钗布裙的那一天起，便已经做好了准备。所以，她无悔，她无怨，她的使命便是——支持自己的夫君，成为他想成为的人。

花开复花落。经过几年时间洗礼，汉章帝震怒微减，他想起梁鸿的《五噫歌》时，多了一丝反省，这样直言敢谏的士子若能招为己用，总比散落在民间更好。于是，征召入京的圣旨经过一道道关、跨越一道道卡，终于还是到了梁鸿隐居的地方。

透过现象看清了本质以后,梁鸿清楚地知道,伴君如伴虎,政途满荆棘。《五噫歌》终究是皇帝乃至世人心中的一根刺,他的志向此生都不可能实现了。与其在朝堂上仰人鼻息、战战兢兢、如履薄冰,还不如剥去所有声名的点缀,刨去所有才学的装饰,做一个无名小民。于是,他们又踏上了隐居吴地的路程。

梁鸿满腹才学,可他的一生却与传统文人的志向背道而驰——他人求富贵,我独喜素朴;他人逐名利,我只求归隐;他人名千古,我只求自在。走到哪里,隐居到哪里,这是他最后的倔强。而这样的梁鸿,也只有一开始便抛弃了所有富贵光环的孟光,才真正了解他,才能与他执手相伴一生。

从此,他们的日子定格为平凡,但那一个个举案齐眉的瞬间,却成为多少人遥首期颐的温暖。

乱世琴声不堪奏：蔡邕

> 须知名士倾城，一般易到伤心处。
> 柯亭响绝，四弦才断，恶风吹去。
> 万里他乡，非生非死，此身良苦。
> 对黄沙白草，呜呜卷叶，平生恨、从头谱。
>
> 应是瑶台伴侣，只多了、毡裘夫妇。
> 严寒觱篥，几行乡泪，应声如雨。
> 尺幅重披，玉颜千载，依然无主。
> 怪人间厚福，天公尽付，痴儿呆女。
>
> ——清·纳兰性德《水龙吟 题文姬图》

词中描绘的这个哀婉幽怨而又英气勃发的女子，名叫蔡文姬，名列"中国四大才女"之一。她有倾城之颜，有过人之才，却生逢乱世，被掳匈奴数年，颠沛流离后，伴随着胡笳声声，雁阵惊寒，慷慨归汉。人们对她与几个男子的故事津津乐道，人们也总是惊叹于这一弱质女流的豪迈与壮烈。

而这些乱世里的爱恨与挣扎,她的父亲也曾一一经历,最后却不得善终。

蔡邕,是东汉的大儒,学问渊博,在天文、地理、音律、辞赋等方面都颇有研究,曾立志续写汉史。他是飞白体的创始者,笔画中丝丝露白,似用枯笔写成,在书法界独树一帜。他还精通音律,善于谱曲弹琴,培养的女儿同样出类拔萃,所以才有了流传于世的《胡笳十八拍》。

然而,东汉末年,对文人来说,不是一个好的时代。皇权衰落,政治腐败,各方势力割据,文人如无根的草微弱地飘摇着。

汉桓帝时,中常侍徐璜、左悺等五侯,擅自专权,横行不法,蔡邕曾在《述行赋》中历数他们的罪责,"起显阳苑于城西,人徒冻饿,不得其命者甚众。白马令李云以直言死,鸿胪陈君以救云抵罪"。偶然听说蔡邕的琴弹得好,五侯便怂恿桓帝召蔡邕前去演奏。文人鼓琴本是雅致情趣,可被命当众弹奏便另当别论了。召之即来,挥之即去,这无异于被视为乐人伶工。

可天命难违,这份羞辱只能生生咽下。陈留太守再三催促,蔡邕不得已只好启程。前行之路生死未卜,道路艰难似乎没有尽头,走到偃师后假称生病,蔡邕才得以返回家中。回家以后,他闭门不出,在家品古论今,不与世人来往。

建宁三年(170年),当朝司徒桥玄听说了他的才名,再三延请,礼仪有加,征召他为掾属,辅佐他来管理,蔡邕这才同意。后来,又出任河平县长,又被任命担任郎中,在东观研究修撰史书。又升为议郎,可参与朝政,负责顾问应对。

此后六七年,蔡邕履任官职,勤勤恳恳,仗义执言。可是,此时的他又忘了,这个时代独善其身尚且艰难,更遑论大发议论,妄断国事。议郎是个可大可小的官职,既有机会正中朝廷下怀,加官晋爵,一不小心也可能祸从口出,因言获罪。他身居此位,无异于头顶悬剑。

有一年,汉灵帝特地召见蔡邕,询问为何近来灾异变故频繁发生,一定是当今罪孽频发的原因。当时的公卿大臣为避免引火烧身,个个闭口不言。汉灵帝知道蔡邕耿直,却也知道他心有顾虑,便要求蔡邕如实回答,然后将文字用皂囊封上。

于是,蔡邕大发议论,弹劾了太尉张颢、光禄勋玮璋等一大批权贵,还举荐了一批他认为可用之人。他认为这是为国尽忠,知无不言,言无不尽。却不知再大的秘密也会有暴露的一天。后来,那些他上表应该被废黜的人,开始疯狂地打击报复。

在乱世之中,黑变成白难如登天,白变成黑却只需一次诬告就够了。

那些宵小之徒想要构陷他何其容易,甚至巧舌如簧地误导了灵帝。蔡邕和叔父蔡质一同被下狱,后来灵帝想起之前蔡邕正义直言、为他排忧解难的场面,这才下诏将他免死,与家属流放至朔方郡。

后来，灵帝又一次想到蔡邕的修史之才，不该就此埋没，便在第二年大赦时赦免了蔡邕，准许他返回原籍。正准备启程回郡的时候，五原太守王智为他送行，却因为蔡邕未配合他酒后起舞，便密告蔡邕因囚放怀怨，诽谤朝廷。

天真的人，注定是乱世中的牺牲品，衰一时，荣一时，全都由别人决定。愿意赦免他的人只有这一个，想要害他的人却无处不在。这一次，蔡邕决定不再天真，开始远逃江海，奔命在吴越之间。

吴地十二年，是他修身养性的一段日子。江南山青水软，烟雨可爱，花开时，一壶浊酒慰心神，风起时，一曲琴音可忘忧。他的心情日渐好起来，也在纷纭之中书写着属于自己的传奇。

相传，辗转于吴地时，蔡邕曾见一老翁以枯树为柴，木入烈火之中，便闻"噼啪"声响。这木料可不同一般，而是梧桐木。梧桐可栖凤凰，一向是制琴的好料，而爆裂之声清脆纯净，可制绝世好琴。于老翁，那不过是干柴一段；于他，却是稀世珍宝。于是他倾囊而出，将这块正在灶膛中熊熊燃烧的桐木抢了出来。此后，不眠不休，精心制作，终于制出名闻天下的焦尾琴。

起手弹奏，悦耳的音符倾泻而出，一曲终了，琴音依然袅袅，余韵不绝，此后焦尾琴名闻天下，流芳千古。良木颠簸于乱离世间，良才奔波于异地他乡。这似乎也是一种知音的相逢。

后来，蔡邕等到了赏识的人，却也敲响了他乱世的丧钟。

中平六年（189年），灵帝去世，司空董卓把持朝政，听说了蔡邕的名气，再三征召他去做官。蔡邕吃一堑长一智，心知绝不能去，便推说有病。然而，董卓生杀大权在握，勃然大怒。蔡邕不得已只能应命，被任命为代理祭酒，后来又历任侍御史、治书侍御史、尚书。

董卓对他始终敬重，然而一场战争之后，他已自身难保，蔡邕更沦落刀俎之上，只能任他人鱼肉。董卓被王允诛杀以后，蔡邕又成为王允的座上宾，却因为重提董卓，被王允治罪。

当时的蔡邕还在修史，大业未成，梦想未竟，经过十几年的颠簸，蔡邕对人生有了新的体悟。乱世之中，死似乎是避无可避，然而有价值地死去，才是适得其所。他递上辞表道歉，请求饶他死罪，甘受刻额染墨、截断双脚的刑罚，只为继续完成汉史。

只是，耿直了一生，高傲了一生，蔡邕唯一一个这样卑微的请求也未能实现。六十岁的蔡邕，最终卒于狱中，也许他临死之前正依稀轻轻吟着：

> 练余心兮浸太清。
> 涤秽浊兮存正灵。
> 和液畅兮神气宁。
> 情志泊兮心亭亭。
> 嗜欲息兮无由生。
> 踔宇宙而遗俗兮。

眇翩翩而独征。

很多年后,他的这一曲离歌慢慢湮没无闻,很多人已记不清他有何经历,因何而逃亡,为何而屈死。

只是,在戏曲的舞台上,经久不衰地演绎着他至孝至顺却无奈弃糟糠之妻的故事,取名《琵琶记》。

只是,在七弦的古琴上,袅袅弹出仙音妙曲之后,人们总要说一说焦尾琴的因缘际会。

只是,在柯亭的笛孔里,徐徐吹奏之后,才蓦然想起那是屋椽之竹的第十六小节。

只是,在蔡文姬爱恨情仇的故事之余,人们曾记得她的父亲,叫蔡邕,蔡伯喈。

第二卷

林间呓语·魏晋

凭谁怜解西风意：曹植

> 明月照高楼，流光正徘徊。
> 上有愁思妇，悲叹有余哀。
> 借问叹者谁？言是宕子妻。
> 君行逾十年，孤妾常独栖。
> 君若清路尘，妾若浊水泥。
> 浮沉各异势，会合何时谐？
> 愿为西南风，长逝入君怀。
> 君怀良不开，贱妾当何依？
>
> 曹植《七哀诗》

他曾遍身才华，光芒万丈，玉立舞台中央；他曾想驰骋西北，长驱劲敌，满怀英雄之气；他曾剖情明志，辞意恳切，历数拳拳之心。我们常常记得洛水之畔的一眼万年，记得七步成诗的惊险刺激，甚至记得他茶余饭后写下的俚语，可竟都忘却了他本就不是纤弱公子，他想要的不过是有用武之地而已。

可越是想抓紧,越是被逼着放手,最终得到的是搁置一旁,是一笑而过。他不过又是一个被命运捉弄的可怜人而已。在清清浅浅的岁月里踯躅而行,推开重重叠叠的迷雾,剥掉世人加诸给他的包装与粉饰,曹植渐渐找回了自己。

那一年,曹操在邺城所建的铜雀台落成,召集文士"登台为赋"。铜雀台上,宾客云集,众人皆在凝神苦思。年少的他眉目之间,灵气迸发,稍加思索,便临风酹酒赋诗,挥毫泼墨间,将他的才思一一写尽,成文《登台赋》。

那些赞赏和艳羡的目光,将他重重包围,其中包括他的父亲——曹操。一代枭雄,纵横天下,他的儿子也不逊色,小小年纪便足以傲视群英。从此,年少便有才名的他更成为众星捧月的对象,皇室英才的标签从此如影随形。很多年后,大才子谢灵运曾这样说过:"天下才共一石,曹子建独得八斗,我得一斗,自古及今共用一斗。"

在那个动荡不安、征战四起的年代,会写文章也算不得是优等生。于是,建安十六年(211年)秋,刚刚及冠之年的曹植,慨然请缨,随父西征,与往日在邺城的宴饮游乐、吟诗作赋的优游生活作别。

晓行夜宿,西风猎猎。曹植文弱的脸颊上吹过黄河凛冽的寒风,立功垂名,大展宏图,胜景在前。经过一年多的兼并战争,曹植西征凯旋,不久即被封为临淄侯。曹操本就喜爱曹植的才情纵横,经此一役,对慷慨豪情、英勇无畏的他更有了新的认识。从此,他在曹操的眼里是堪当大任之人,是寄予厚望之人。

少年英豪,意气风发,谁年轻时不曾肆意年华?他将从前的潇洒宴乐重拾,他率性自由的作风再现,曹操的偏爱更是让当时的义士幕僚对他趋之若鹜。人们都以为,他的声名显赫,曹操的青睐,带给他的是无限光环,甚至是尊崇的地位,殊不知,加诸于他的是密布的荆棘,是隐形的枷锁。

就算经历了战争和血腥,曹植还是无法预知人心。他本就无意于争宠夺位,更无意于钩心斗角,可是他的光芒太闪耀,刺痛了很多人的眼,成为众矢之的。

于是,流言四起。临酒赋诗,便是饮酒过量;直言不讳,可称口无遮拦;洒脱而为,不就是德行不端;更不用说沉溺酒乐,会贻误政事。总之,曾经的赞叹慢慢变成了中伤。当一个人成为靶心,又何愁没有击中他的机会呢?

建安二十二年(217年),曹操外出期间,他借着酒兴像往常一样驾着车马,在皇宫内纵情驰骋笑傲。只是这一次,他的得意冲昏了头脑,他驾的是王室的车马,撞开了王宫的大司马门,走的是只有帝王举行典礼时才能行走的禁道。桩桩,件件,都是违反禁令的大罪,而醉酒中的他浑然不知。

幡然酒醒,一切都已变了天地。曹操勃然大怒,处死掌管王室车马的公车令,加重对诸侯的法规禁令,曹植日渐失去曹操的信任和宠爱。十月令曹丕为世子的一纸诏令,基本上判了曹植死刑。曾经的豪情壮志都成了空,昂扬奋发的曹植从此在人们的视野中消失，郁郁不欢。

如果能及时止损，吃一堑，长一智，曹植的人生未必没有转机。只是他太过倔强，太过执念，再一次忤逆父亲的意愿。建安二十四年（219年），曹操的从弟曹仁被关羽围困，曹操让曹植带兵解救曹仁，此时的曹植却又是酩酊大醉，不能受命。曹操拂袖而去，一丝希望也不给他留下。

建安二十五年（220年），曹操病逝以后，曹丕继位，并废汉自立称帝。曹植心有戚戚，穿上丧服为汉朝悲哀哭泣，却让新登帝位的曹丕无比愤怒。从此对曹植严加防范，数次徙封。临淄侯徙封安乡侯，当年七月又改封鄄城侯，黄初三年（222年）四月被封为鄄城王。

属于他的称号虽未褫夺，看似风光无限，可是谁又看得到他被处处限制时的窘迫，听得到他被处处打压的无声痛哭。有苦说不出，有难无处诉，他还能怎么办呢？他的姿态低到尘埃里，只能借手中的一支纤弱的笔，写写自己的委屈。

他惦念与兄长的感情，如今却"甚于路人""殊于胡越"。曾经携手同读、赛马打球，如今却是云泥之别"君若清路尘，妾若浊水泥"，隔着无法逾越的鸿沟。即便如此，他依然"愿为西南风，长逝入君怀"，奈何他期待报国的大门迟迟不开，一切都是徒然。

那一年，他还以悠悠情思，写下《洛神赋》，笔下的她"翩若惊鸿，婉若游龙，荣曜秋菊，华茂春松"，含眸带笑，亭亭玉立；然而她又"微幽兰之芳蔼兮，步踟蹰于山隅"，隐约不定，追逐不及。那个世人附会出的曼妙女子，不过是他孜孜以求却无法企及的梦罢了。梦虽缥缈，却那样至纯至真，多像他啊！

此后的十年，他依然没有学会官场上的哲学。一如既往地被疏离，一如既往地被防范，就算是他的兄长逝去，他的侄子曹叡即位，他的处境也没有好上几分。

他的拳拳之心，足以使顽石点头、铁树动容，可是他的侄子却始终不曾温柔，他的一片赤诚从来不曾被怜惜过。太和三年（229年）和太和六年（232年），曹植又被徙封东阿，改封陈王。

面对寂寞空山，潺潺流水，他的心终于也沉淀下来，不再幻想什么。帝王的心冷如冰，皇室的墙坚如铁，奢望那一份柔情本就是痴人说梦。只可惜他的彻悟有些迟了。

太和六年（232年），曹植深思恍惚，目光涣散，半梦半醒间，那个气若幽兰、华容婀娜的女子，朝他伸出纤纤玉手，携着他翩翩而上，离开了这个令他极度失望的世界。逝去时的他，被轻轻叫作"陈王"。

再揭起这段陈年旧事，几多人感慨，几多人唏嘘，几多人悲痛。可怜，他的那份炽热的心意，至死未有回响。

醉生梦死又何妨：阮籍

> 夜中不能寐，起坐弹鸣琴。
> 薄帷鉴明月，清风吹我衿。
> 孤鸿号外野，翔鸟鸣北林。
> 徘徊将何见？忧思独伤心。
> ——阮籍《咏怀八十二首·其一》

人们总说，魏晋是一个不可复制的时代。那时的人高蹈独立，个性张扬，他们特立独行，不媚世俗，可是他们的经历也是那样多舛，令人唏嘘。或隐匿于野，或疯癫度日，或长醉不醒，或委曲求全……他们以自己的方式面对这个世界，却始终逃不脱命运的折磨。

竹林摇曳，斜影生寒。琴弦已断，《广陵》不传。知心的好友嵇康拒绝与司马氏合作，带着失望与遗憾，弃他而去。世道艰难，混乱不堪，阮籍也隐隐约约看到自己的结局——不过，是换一种方式逃离而已。

阮籍的童年时期，过得还算平稳。当时的皇帝曹丕与他父亲阮瑀同为"建安七子"，父亲病逝之时，曹丕悲痛欲绝，还写下一首《寡妇诗》以表对他们孤儿寡母表示同情。真情也好，假意也罢，阮籍一家的确受了不少照拂。因此，他才能安然无恙地在哥哥、母亲以及伯父的教导下，茁壮成长。

当人们不再为衣食奔波的时候，也才能有了更好发展自我的空间。阮籍八岁便出口成章，十多岁便通晓经典，"昔年十四五，志尚好书诗。被褐怀珠玉，颜闵相与期"。除此以外，他还系统地学习了剑法，"少年学击剑，妙伎过曲城。英风截云霓，超世发奇声"。

这样的阮籍临风而立，剑风舞袖，自有一番英气豪情。他对未来也满怀期待，希望有一番作为。只可惜，这时的曹丕已经去世，阮氏家族已彻底被遗忘、被抛弃，阮籍想要大展宏图的道路，堵塞不通，崎岖难走。

他初入文坛，曾写下一篇《乐论》来呼吁恢复礼乐，以平天下，结果却得到了夏侯玄等人的极严厉的抨击。魏明帝曹叡登基以后，举国上下刮起了玄学之风，开始谈玄说理，主张放诞不羁，而从小接受儒家经典的阮籍便成了边缘人物。

当不被主流所接纳，又想要坚守自己的内心，逃避是最无奈的选择。此后的阮籍回到了开封故里隐居不出，以种田为乐。有兴致时，便席地而坐，读读《论语》《诗经》；读累了，便看瓜秧延伸着身子，桑麻吸取着甘霖，闻野风送着花香，仰着头饮下浊酒，或是把黄花插满头发，微醺的口了里，满是自由的味道。

一心只问耕耘，两耳不闻政事。不必去在乎曹叡已亡，也不用关心曹爽与司马懿的明争暗斗，更不用去担心曹芳是否已是虚有帝名。可惜，这世界上没有绝对的自由，他隐居的生活被迫提前结束。

正始三年（242年）左右，当时任太尉之职的蒋济听闻阮籍"俊而淑悦，为志高"，而且博学多才，准备征召阮籍辅佐自己。阮籍心中犹疑，便写了一封《奏记》，说自己才疏学浅，婉言谢绝。后来怕蒋济迁怒于朋友乡里，阮籍不好推托，只好勉强就任。

阮籍没想到人生第一次踏上仕途，竟是以这样不堪的方式，更没想到到任以后每日除了饮酒作乐，也就是听一些无关紧要的玄谈。这样的日子对阮籍来说是如坐针毡，对当时的朝堂更是不抱什么希望了。不是自己选择的路，不管怎么走都是错的。不久之后，他就告病辞官了。

此后，这样的闹剧在正始八年（247年）前后再次上演，阮籍一如既往地婉拒了曹爽的征召。可他心如明镜：乱世之下，不管选择哪一股政治力量，结局都是殊途同归。天真的人才做选择，阮籍只做自己。从那以后，他干脆装聋作哑，或闭门读书，或登山临水，或酣醉不醒，或缄口不言。

竹流清响，朴石为乐。在逡巡而游的路上，阮籍遇上了人生中的知己——嵇康、山涛、刘伶、王戎、向秀、阮咸，从此后他孤独的心灵有了栖息的地方，他满腹的情怀有了倾吐的对象。

时而手抚琴弦，时而举杯邀月，时而醉卧山松，时而纵情而歌……既然不能吐露真言，那么能托物言志也好。他们寻得一静谧之处，与自然越近，才觉物我两忘，才能做真实的自己。一帧帧珍贵的画面，一片片清晰的记忆，阮籍多希望酣睡其中，不复清醒。

然而，他不可避免地一而再、再而三地步入仕途，却一次又一次地失望而归。当时，人们都探问他对时事的看法，阮籍都用酣醉的办法获免。大将军司马昭还想拉拢阮籍，与他联姻，他不得已酩酊大醉了六十天，才让这件事不了了之。

日子一天一天这样烂醉、荒唐下去，他的生命也一天一天接近终结。高山流水，难觅知音。嵇康死后，阮籍的眼前更是一片昏暗，不见天日，荒不荒唐又有何妨呢？

景元四年（263年）十月，司马昭被晋封为晋公，加九锡，这已是实施篡权的前兆。除了挟持傀儡皇帝曹奂下诏加封晋爵，还要由公卿大臣"劝进"以表示自己德才兼备，名正言顺。这个残酷而又可笑的任务落在了阮籍头上。使者来催稿时，阮籍的酒意未散，却不得不为之。

本有经世之才，却只能消极避世，甚至违心做了篡权者的帮凶，心中的愁闷有增无减。他将满腹的痛苦、抗争、苦闷、绝望倾泻笔端，写成《咏怀诗八十二首》。"嘉树下成蹊，东园桃与李。秋风吹飞藿，零落从此始。繁华有憔悴，堂上生荆杞。"（其三）"夭夭桃李花，灼灼有辉光。悦怿若九春,磬折似秋霜。"(其十二)"清露为凝霜,华草成蒿莱。"树凋花残,便是世事无常,凄风冷雨,正似世道艰难。这样的文字,俯拾即是。

阮籍还写《大人先生传》,置自己于广阔天地之间,不受外物打扰,不受礼法拘束,纵横天地,优游自在,甚至还闹出了不少笑话。

他常约王戎去隔壁小酒馆喝酒,每饮必醉,醉倒在当垆卖酒、风姿绰约的老板娘身边。众人都以为他意图不轨,目无礼法,而他不过是随心而行,真挚坦荡。附近一户人家的女儿满腹才情,却红颜早逝,阮籍虽与他们素不相识,却跑到灵柩前号啕大哭,悲痛欲绝,然后才黯然离去。

母亲去世时,他正与友人下棋,众人都让他赶紧归家。他却非要下完这局,大口喝酒。刚喝几口,便口喷鲜血。安葬那天,阮籍也不走寻常路,带着酒肉在母亲坟头大吃大喝,肉完酒尽,他高声疾呼,便扑倒在地。

景元四年(263年)冬,也就是在他写《劝进表》后的一两个月,阮籍的荒唐日子终于走到了尽头。回顾这一生,不知他是否后悔,未像嵇康宁为玉碎,也未彻底做一个隐士高人,而是醉生梦死、苟延残喘地活着,甚至成为茶余饭后的笑谈。

可是,他非圣人,在乱世里艰难地活着,本来就是煎熬,他不过是活成了自己。

折取流年祭相思：潘岳

荏苒冬春谢，寒暑忽流易。之子归穷泉，重壤永幽隔。
私怀谁克从，淹留亦何益。僶俛恭朝命，回心反初役。
望庐思其人，入室想所历。帏屏无髣髴，翰墨有馀迹。
流芳未及歇，遗挂犹在壁。怅恍如或存，回惶忡惊惕。
如彼翰林鸟，双栖一朝只。如彼游川鱼，比目中路析。
春风缘隙来，晨霤承檐滴。寝息何时忘，沉忧日盈积。
庶几有时衰，庄缶犹可击。

——潘岳《悼亡诗》（其一）

人们常形容男子的英俊为"貌比潘安"，能被写进成语词典的美，历经岁月洗涤经久不衰，朝代更迭标准不改，那该是怎样的惊天动地！更何况，在对美的标准极高而又俊美男子层出不穷的魏晋南北朝。

潘安，便是西晋的潘岳。据《世说新语》记载："潘岳妙有姿容，好神情。少时挟弹出洛阳道，妇人遇者，莫不连手共萦之。"寥寥数字，不足以描摹他的美貌，但足以引起人们无限的遐想。

他面如冠玉，眉如英剑，目似点漆，如一汪清澈之泉；他鼻梁高挺，唇角飞扬，似笑非笑间流露着风情。发髻只以一支木钗斜簪，广袖博带，衣袂飘飞，恍若仙人独立。

街上的姑娘、妇人争先恐后地前来观看，甚至用手拉着手，拦住他的去路，只为一睹尊容。有时，会竞相用各种各样的鲜花和水果掷向他的车辇，表达对他的追捧与艳羡，潘岳每每都能满载而归。

如果把眼前的文字化为镜头，慢慢推进，从衣袂飘飞的大全景到聚焦眉目的大特写，潘岳必定能经受任何一个刁钻镜头的考验。

不只当时人爱潘安，后世人也爱写潘安。潘安之名便始于唐代杜甫的《花底》诗"恐是潘安县，堪留卫玠车"。后来的人才开始以潘安代指潘岳。李商隐《拟沈下贤》中有云"河阳看花过，曾不问潘安"。甚至在元代的戏曲杂剧里也拿隔着千百年的潘安打趣，白朴的《董秀英花月东墙记》直言"教我闷昏昏，泪纷纷，都只为美貌潘安，仁者能仁。"

爱美之心，人皆有之。古人对于美貌的追求，真切直白，坦坦荡荡。有人说，颜值高的人难免多情。在那个美人如云的时代，潘岳的心会向哪里倾斜，或是皇室的玉叶金枝，或是几大世家的贵族高门，似乎都不算惊世骇俗。然而，潘岳的一生见过无数的风景，却只爱过一个人。

她是扬州刺史杨肇的女儿，他们相识于幼时，青梅般青涩的年纪，夹杂着若有若无懵懵懂懂的情愫，一场年少的订婚定格了彼此唯一的情感记忆。那年他十二岁，她十岁。

也许是花亭邂逅，抑或是隔帘远望，也许，他眷恋于她唇角眉梢洋溢的丝丝缱绻，也许，她沉醉于他如墨似漆的炯炯明眸……那时的他们，即使不谈论风月，也能获得无限喜悦，而这一份稚气未脱的喜悦，持续了一生。

后来，潘岳才名在外，被举荐为秀才。杨氏也过及笄之年，自是一番玉容生光，仙姿绰约。彼时的潘岳对杨氏一片痴心，既然认定了她，便是一生一世一双人。他们在最好的年华里情深结发，在银烛秋月的光影里许下一生的诺言。

后来的后来，他曾因不懂察言观色被嫉恨与排挤，他的仕途也曾有过波折与起落，他也曾因失意而早早生了几丝华发。

但是，只要在杨氏面前，他便是她的唯一，深情款款，柔情似水。即使分别，片片相思也化作诗笺：

漫漫三千里，迢迢远行客。驰情恋朱颜，寸阴过盈尺。
夜愁极清晨，朝悲终日夕。山川信悠永，愿言良弗获。

——潘岳《内顾诗》

这样情意绵绵的想念，让分别由凄凉变得柔软，发酵成一段咫尺天涯、红豆相思的独家记忆。昔日掷果盈车的少女，不知要投来多少艳羡与嫉妒的目光。

不难想见，书信那端的她是如何喜悦。任由甜蜜爬上柳叶眉梢，蔓延至温柔嘴角。这份寻常的叮咛，隔着千山万水，增加了分量与热度，熨帖了胸口与心尖。窗前花飘然而落，停驻在一个袅绕着茶香的午后，或是点缀了一个轻抚琴弦的月夜。

想念，是镌刻在心上的诗，多念几遍便愈加想念。时间在这样的想念里，彳亍不前，折磨的始终是那一刻无法抵达的心——"尔情既来追，我心亦还顾。形体隔不达，精爽交中路。"如果潘岳能预见妻子早亡的事实，这样的句子，他一定愿意多写一些。

自从合卺成婚，他们的生活虽然说不上锦衣玉食，至少也是衣食无忧，她虽不能珠翠满头，却能与夫婿卷墨留香。这一帧帧和合而美的婚后生活，宛如画卷，他们用真情与心意，谱写一曲才子佳人的传奇话本。

然而，这样恩爱有加、相敬如宾的生活持续了二十余年，杨氏不幸因病去世。那一刻，草木皆泣，花鸟同悲，不为一株英灵的殒落，而是叹息一对情深的伉俪分隔阴阳。这是潘岳难以走出的阴霾，是他痛到无以复加的梦魇。

后来，潘岳为杨氏服丧一年，才回到人生的正轨。但是回首他们携手而行的岁月里，层层叠叠的痕迹依然历历在目。悲痛之下的潘岳，写下了三首《悼亡诗》，此处只录其一：

荏苒冬春谢，寒暑忽流易。之子归穷泉，重壤永幽隔。
私怀谁克从，淹留亦何益。僶俛恭朝命，回心反初役。

> 望庐思其人，入室想所历。帏屏无髣髴，翰墨有馀迹。
> 流芳未及歇，遗挂犹在壁。怅恍如或存，回惶忡惊惕。
> 如彼翰林鸟，双栖一朝只。如彼游川鱼，比目中路析。
> 春风缘隙来，晨霤承檐滴。寝息何时忘，沈忧日盈积。
> 庶几有时衰，庄缶犹可击。

翰林鸟，比目鱼，双双对对。而他和杨氏，却已隔黄泉，昔日缱绻相思浸入骨髓，流入血液。相思，是身体和灵魂都无法负载的重荷。初相思，隐于眉目之中，是蹙而不展的眉头，是黯然无光的眼睛；再相思，劳于形体之上，是虚浮无力的脚步，是日渐消瘦的面孔；至相思，铭于心宇之内，是空洞无味的人生，是形同虚设的岁月。

文字可结，而相思无尽。只有真正失去的人，才有资格说痛。然而，执子之手、与子偕老的愿景，只能在他的笔下生出一朵朵花，开在那孤寂幽冷的坟茔里，开在抓不住、触不到的梦里。

此时的潘岳正当壮年，而且是当时的名士，续弦并不难，但他终生再未婚娶。清人陈祚明评论他：" 安仁情深之子，每一涉笔，淋漓倾注，宛转侧折，旁写曲诉，刺刺不能自休。"

故事的结局，他因为趋炎附势，失去过自己的本心；他因为参与依附贾谧的"二十四友"的文学活动，在"八王之乱"中被牵连致死，他因为 人之过，被株连二族，受人唾骂。他的死亡并不那么光彩，甚至掺杂着骂名。

可是，当历史的风沙俱净，岁月的尘封开启，人们已记不住太多冗杂的人和事，也不愿去纠缠他过往里的错和对，但是对他那份忠贞不渝的深情，却愿意无限放大，直至他所写的《悼亡诗》成为丈夫哀悼亡妻的专用诗题。

世间情路远，不及青草长。潘岳的这份深情缓缓流淌，直到今天还有无数的人把美而不傲、一往情深的潘岳视为心目中完美的情人形象，他的小名"檀郎""檀奴"也成为心上人或者情郎的代名词。

那个倾世绝尘的美男子，或许没有活成自己想要的模样，却成为无数人心目中的模样。他笔下的相思，从此千世万世，成为永远。

归思难收泪长流：庾信

> 榆关断音信，汉使绝经过。
> 胡笳落泪曲，羌笛断肠歌。
> 纤腰减束素，别泪损横波。
> 恨心终不歇，红颜无复多。
> 枯木期填海，青山望断河。
> ——庾信《拟咏怀》

江南烟雨，淫淫霏霏。袅袅迷雾掩映，倩影隐约徘徊。这层层叠叠的梦境，反复出现在庾信的脑海，只是繁华已不再，家国永难回。

此后的烟水小桥，于他皆是过客，只能倾注一生目光、一生血泪，凝望江南。

大通元年（527年），"幼而俊迈，聪敏绝伦"的庾信进了东宫，成为昭明太子萧统的伴读，开启了他漫长的宫廷生涯。这一年，他十五岁。

萧统并不同于一般王室子弟的沉溺享乐，而是博闻强识，"读书数行并下，过目皆忆"，还主持编撰了《昭明文选》。相比颠沛流离在路上的文人，得遇志同道合的上司，年少的庾信实属幸运。执卷映烛，月下品文，一盏香茶将午后时光消遣。宫廷里悠游自在、富丽绮红的生活风格不可避免地注入了庾信的文字。

五年后，萧统去世，庾信又成为新立太子萧纲的抄撰学士，并遇见了著名文人徐陵。命运相似的人总是会同气相求，庾信的父亲庾肩吾和徐陵的父亲徐摛同为当时的宫廷诗人，二人的文字风格也受到一定影响，渐渐沾染了宫廷色彩，被称为"徐庾体"。

庾信年轻有为，仕途平顺，多次升迁，还曾出使东魏，官至东宫学士，兼任建康令。这样的好运却并未持续下去，"侯景之乱"改变了他的一生。

太清二年（548年），东魏降将侯景率军谋反，庾信身为宫中重臣，被萧纲命令率领宫中文武官员千余人，在朱雀航北扎营。他在危亡时刻展示出非凡魄力，后被湘东王萧绎（梁元帝）任命为御史中丞。

繁华四碎、兵荒马乱的岁月里，国家的命运便是个人的命运。西魏大乱方定，面临外患威胁，出使外邦方可争取一丝机会，使国家和百姓休养生息，滋养发展。于是，承圣三年（554年），带着朝廷的使命，带着皇室的期许，庾信离开了故土建康，来到长安。

本以为只是一次短暂的分离，却不料是永远的诀别。抵达长安后不久，西魏便撕毁了协议，攻入江陵，萧绎被杀，庾信因此被永远留在了长安。

或许是安抚，或许是威逼，西魏对庾信这样的江南才子格外重视。短短时日，庾信便被任命为使持节、抚军将军、右金紫光禄大夫、大都督，随即升任车骑大将军、仪同三司。别人穷极一生都不一定得到的尊荣与富贵，他都拥有，国破家亡、流离在外的悲哀却远远不能释怀。他的文字，泫然欲泣中，藏的是断不掉的深情。

敛眉光禄塞，还望夫人城。
片片红颜落，双双泪眼生。
冰河牵马渡，雪路抱鞍行。
胡风入骨冷，夜月照心明。
方调琴上曲，变入胡笳声。

——庾信《昭君辞应诏》

那些难言的心事，化作昭君的胡笳，散落在冰河，滞留在月夜，一声声敲打在离人的心上。他对故国故土的思念，又岂止是一两句诗便能写得清的？春风吹荡着渭水，庾信眼前幻化的却是梦中的江南小景："树似新亭岸，沙如龙尾湾。犹言吟溟浦，应有落帆还。"槟榔本是南方物，忽然看见必然会勾起故园情。"绿房千子熟，紫穗百花开。莫言行万里，曾经相识来。"

回得去的叫故乡，回不去的只能叫作回忆。从江南到长安，山重水复，颠沛流离，他没有想到自己会以一种苟且的姿态在本该仇恨的国家生存。英雄常常讲究舍生取义，而他只是个书生。

眼看他起高楼，眼看他楼塌了。连绵起伏的宫殿里演绎着你方唱罢我登场的戏份。三年后，掌握西魏大权的宇文护图谋不轨，威逼西魏恭帝元廓把皇位禅让给他的堂弟宇文觉。西魏灭亡，北周自此而始。

本想做个看客，在混乱之际全身而退，却没想到庾信早已成了局中人。在北周的那段时间，"南北流寓之士，各许还其旧国"，而他却因为才名在外，备受重视，官职越升越高。昔日的才华横溢，如今成了禁锢他的牢笼。

命运已逼迫他进入一个新的世界，可他还没有完全准备好同过去作别，更没有打算舍生取义，因为他依然留恋过去、沉浸过去，只愿做个苟且偷生的普通人。

然而，这已无可能。友人可以重回故土，唯独他一人停驻不前，难返江南，只能化身归雁，一路向南。

阳关万里道，不见一人归。惟有河边雁，秋来南向飞。

——庾信《重别周尚书》

当繁华不再、家国难回，思念是他倾注一生的事业。他虽身居长安，心依然留在金陵古城，顺着一江春水，带他回大梁。

> 玉关道路远，金陵信使疏。独下千行泪，开君万里书。
> ——庾信《寄王琳》

开启家书的瞬间，便开启了思念的源泉，泪水一触即发。乡关何处，归思难收，至少有薄薄的书信可承载他思念的千万分之一。

《拟咏怀》的诗里泣血淌泪，写满惆怅："恨心终不歇，红颜无复多。枯木期填海，青山望断河。""楚歌饶恨曲，南风多死声。"那一曲婉转悲恸的《哀江南赋》，更是把曲折坎坷的经历、去国怀乡的悲哀全都挥洒而出，向世人展示着自己血淋淋的伤口。这样凄凉的文字太多了，已经渗入他后半生的血液，汩汩而出。

有人说，庾信的文字过于悲凉凄清，在他高官厚位的映衬下未免有些无病呻吟。北周的明帝宇文毓、武帝宇文邕都喜好文学，对他恩宠礼遇有加，王公贵族与他的交往也推心置腹，真挚坦诚。他的抱怨对于真正苦难的人，实在像个笑话。

人们只看到他的功名利禄，看到他人前风光，谁能看到他暗夜里独自叹息的孤寂彷徨，谁能体会他有家难回、望穿秋水的空洞目光。北国凛冽的风霜苍老了他的脸庞，荒凉了他的心房，更让他的文字厚重、韵味悠长。

只有浸染过血泪，才能让文字如珠如玉，光芒四射。真心以待，必有回响。后世杜甫评价"庾信平生最萧瑟，暮年诗赋动江关"，终不负他半生思家念国的衷肠。

隋开皇元年（581年），六十八岁的庾信病逝在北方，他心心念念的江南随他一起埋入厚厚黄土，再无重启的可能。然而，岁月剥蚀了他江南才子的风流韵致，却让他在羁旅之中博采众长，文字的光芒最终跋山涉水，重回故乡将他的名字照亮。

归去当歌醉中眠：陶渊明

> 种豆南山下，草盛豆苗稀。
> 晨兴理荒秽，带月荷锄归。
> 道狭草木长，夕露沾我衣。
> 衣沾不足惜，但使愿无违。
>
> ——陶渊明《归园田居·其三》

近年来，在中国传统文化复兴的这段日子里，以雍正皇帝角色扮演的各色人物为主角的《雍正行乐图》火爆一时。他时而扶牛耕田，时而闲坐钓鱼，时而竹林抚琴，自得其乐。其中一幅图里，他头戴斗笠、手持竹杖，从一间茅屋里缓缓而出，身边有篱，眼前有山，这幅图还原的正是"采菊东篱下，悠然见南山"的诗意山水。

雍正身为一国之君的这颗"隐士"之心，不过是一时兴起，而陶渊明"勤耕务农"的农人生活，一过就是二十年。

东晋末年，社会动荡之时，陶渊明出生在一个没落的官僚地主家庭。

他的曾祖父陶侃曾经是东晋初名将，驰骋沙场，一展宏才，而他出生时声名煊赫的家族已逝，下无谋求生活的技能，所依仗的不过是一副读书人的躯体。他学习儒家经典，学习《老子》《庄子》，"猛志逸四海，骞翮思远翥"，渴望实现"佐君立业"的政治抱负。

然而，他八岁时父亲早逝，十二岁时庶母亦亡，到了二十岁时，家里已经极度贫困，常常无米继炊。没有等到大鹏展翅、扶摇万里的壮志豪情，没有进京赶考邂逅佳人的风流故事，在历代青年俊才肆意飞扬、挥霍时光的影子里，陶渊明的青年时期显得苍白而窘迫。

历史常常丑陋，却无比真实。二十岁的陶渊明，已经为了生计开始了游宦生涯。一直以来，陶渊明的物质生活都堪称贫乏："自余为人，逢运之贫。箪瓢屡罄，绤绤冬陈。"（《自祭文》）再好听的宏才抱负，在温饱生活面前都不堪一击。

风尘远游的岁月，道阻且长。他做过的低级官吏已经湮没不闻，但是那种任君差遣的日子却不难想象。典籍文章教会他的，通常是一身傲气和以才服人，不曾培训他低眉顺眼，甚至阿谀奉承。那样的日子于他而言，是煎熬，也是牢笼。

二十九岁的时候，陶渊明担任江州祭酒，没过多久便以"不堪吏职"而辞职归家了。没过几年,他又成为桓玄幕僚,一年后,他就因为母亲去世回家守丧。三年之后丁忧期满,陶渊明再次出仕,一度成为镇军将军刘裕参军、建威将军刘敬宣参军。

伏低做小这种事,他可以忍一阵子,却绝对忍不了一辈子。

陶渊明最后一次做官,是义熙元年(405年)。那一年,陶渊明在朋友的劝说下担任了彭泽县令。在后来的《归去来兮辞》中,他坦然解释自己是迫于生计:"余家贫,耕植不足以自给。幼稚盈室,瓶无储粟,生生所资,未见其术。"

这样真实面对自己的官场生涯,这样毫不加掩饰的描述,似乎已经注定了他走不远的前路。就在这一职位上,发生了扭转他一生,也影响了千古文人的一桩逸事。

那本是一件稀松平常的官场惯例,上级前来督查,身为地方官理应穿戴整齐、恭敬而应,可是这样的日子什么时候才能了结呢?陶渊明一边打理装束,一边看着眼前清一色的的笑脸,思忖之下,长叹了一口气:"我不愿为了小小县令的五斗薪俸,就低声下气去向这些家伙献殷勤。"罢了,就让这样的日子结束吧。

那一年,他最疼爱的小妹在武昌溘然离世,他解印辞官前去吊唁,"情在骏奔,自免去职"。从此,陶渊明躬耕陇亩,再也不曾做过一官半职。"不为五斗米折腰"的典故也就此写下,引领着一拨又一拨不擅长"处世哲学"的文人们归隐山林。

说他是清高孤傲,不愿低头,的确如此;但是为避时局混乱、官场尔虞我诈的战战兢兢的目的,也并非一点儿没有。总之,打开隐居的副本,陶渊明的人生才算是迎来真的巅峰。

义熙元年(405年)十一月,冬日的寒意已缓缓袭来,他归家的心情却欢欣雀跃。

> 乃瞻衡宇,载欣载奔。僮仆欢迎,稚子候门。
> 三径就荒,松菊犹存。携幼入室,有酒盈樽。
> ——陶渊明《归去来兮辞》

尽管屋室简陋,地方局促,庭院荒芜,可是他拥有的却是更广阔的天地——自由。当静下来的时候,闭目细听,用心感受,身体便与山水自然融为一体,感官便会无限扩张,得到比平日多倍的享受。

> 或命巾车,或棹孤舟。既窈窕以寻壑,亦崎岖而经丘。木欣欣以向荣,泉涓涓而始流。
> ——陶渊明《归去来兮辞》

倘若只是心血来潮体验生活,如王维一般静享孤独"独坐幽篁里,弹琴复长啸",如谢灵运一般悠哉地徜徉自然,"林壑敛暝色,云霞收夕霏",珠玉在前,陶渊明未必有后世的成就。

他的独特之处，在于他依然坦然，坦然面对自己的贫困和窘迫，以一介"农民"来作诗。

陶渊明的归隐，充满了烟火气。

他丝毫不留恋光鲜亮丽的官场生活，丝毫不流连彰显身份的功名利禄。他穿上布衣，拾起农具，在天地与草木之间寻找着自己的位置。

> 种豆南山下，草盛豆苗稀。
> 晨兴理荒秽，带月荷锄归。
> ——陶渊明《归园田居》（其三）

这埋头躬耕的画面，寻常得就像隔壁家的阿爷。出门下地点头示意便开始一天的劳作，走到田间地头吆喝一声便是打了招呼。尽管田地早已荒芜，早出晚归依然种不出像样的庄稼，这也丝毫不影响他在这自由生活中所寻觅到的畅快与惬意。

陶渊明的归隐，无比的真实。

他的家事像很多农村的家庭一样，也是一地鸡毛。才华横溢的陶渊明，并没有养育出同他一样优秀的子女。生养五个儿子，个个不成器。他做了一首《责子》诗自嘲：

> 白发被两鬓，肌肤不复实。虽有五男儿，总不好纸笔。
> 阿舒已二八，懒惰故无匹。阿宣行志学，而不爱文术。

> 雍端年十三，不识六与七。通子垂九龄，但觅梨与栗。

他自己本就是官场的逃兵，自然不会强求子女们成龙成凤，不过是借机自嘲，发发牢骚。待翌日晨起，该种豆种豆，该喝酒喝酒，喝醉了，便醉倒南山，卧眠花间，这不正是一种无可复制的诗意人生吗？

事实上，归隐之后的酒，并不那么好喝。酒质只怕是大打折扣，带有杂质和浮沫的"绿蚁新醅酒"估计是他饮酒的常态。但是，这丝毫不妨碍他在醉着的时候做自己。"忽与一樽酒，日夕欢相持。"

他与朋友饮酒，正酒酣畅饮之时，睡意袭来，他毫不避讳，直言："我醉欲眠卿可去。"喝多了的时候，抱着无弦琴随意抚弄一番，被人视为"另类"，可他却自知其中乐趣。

陶渊明的归隐，写着决绝。

悠游自在固然是他隐居生活的常态，穷困潦倒也是他务农日子的写照。由于农田不断受灾，陶渊明家房屋又被火烧毁，家境越来越恶化。有人再一次征召他去做著作郎，至少可以缓解他的贫苦，至少可以救济一家的生活用度，他始终没有妥协。

元嘉四年（427年），当时的名将檀道济听闻渊明之名，去看望他，赠予粱肉，并劝他出仕，陶渊明果断拒绝了他，也拒绝了那带着使命而来的粱肉。

同年，他长眠于浔阳江头。他的梦中不知是否依然带着东篱的芬芳，不知是否带着豆苗的清露，但是一定带着那陈洌的酒香，回荡着他那些归隐的浅浅时光。

后来，朱熹评价他："晋、宋人物，虽曰清高，然个个要官职，这边一面清谈，那边招权纳货。陶渊明是真个能不要，所以高于晋、宋人物。"

醺然一醉，此后千年。有一位文学家这样评论他，悠然得恰如一首小诗：

> 一位"天真""自然"的人，
> 就像出淤泥而不染的荷花，
> 展翅于晴空的孤鹤，
> 静挂于夜空的朗月……

第三卷

花间酣唱·唐代

王侯白衣自有时：高适

汉家烟尘在东北，汉将辞家破残贼。
男儿本自重横行，天子非常赐颜色。
摐金伐鼓下榆关，旌旆逶迤碣石间。
校尉羽书飞瀚海，单于猎火照狼山。
山川萧条极边土，胡骑凭陵杂风雨。
战士军前半死生，美人帐下犹歌舞。
大漠穷秋塞草腓，孤城落日斗兵稀。
身当恩遇恒轻敌，力尽关山未解围。
铁衣远戍辛勤久，玉箸应啼别离后。
少妇城南欲断肠，征人蓟北空回首。
边庭飘飖那可度，绝域苍茫更何有。
杀气三时作阵云，寒声一夜传刁斗。
相看白刃血纷纷，死节从来岂顾勋。
君不见沙场征战苦，至今犹忆李将军。

——高适《燕歌行》

在中国的文学史上，似乎有一条不成文的规律——命运越是多舛，诗词越是高产；人生越是悲剧，文人越有名气。譬如，屈原一心为国，却不被重用，最终沉江明志；一代词宗李煜深受亡国之辱，苟且偷生也难逃一死；宋代大文豪苏轼历经贬谪，客死他乡；陆游壮志难成，抱憾终生……

大唐盛世的文人更是多如天上繁星，绝大多数人的命运也是辗转半生，求仕不成。即便如李白、杜甫名满天下，最终也只能郁郁而终。李白梦想出将入相，却始终只能做一个御制文人，最后被赐金还乡；杜甫一生忧国忧民，却一生贫寒，颠沛流离。

唯有他逆流而上，鱼跃龙门，从布衣乞丐到贵族王侯，用自己的坚持与努力，书写着一生的奋斗史。他就是边塞诗人——高适。

公元704年，是大唐笼罩在女皇武则天掌控下的最后一年，只是这气息已不甚浓郁，这氛围已不同寻常。这天，要变了。而高适，出生了。

后来，武则天被逼宫退位，中宗李显复位，睿宗李旦复位，玄宗李隆基登基，高适的童年和少年便都被淹没在这翻天覆地、改朝换代的岁月里。

时间飞快地到了开元十一年（723年），大唐再现盛世，长安繁花似锦，一批又一批的文人士子前去求取功名。二十岁的高适，便是其中之一。他不愿走科举之路，想要通过别人举荐，受到皇帝召见赏识，从而进入仕途。

天真的高适忘记了，帝都最不缺的便是有才之人，他在这万千人群中微如尘土。他四处奔走叩门，最终握住的只有拂袖而去的置之不理，和嗤鼻一笑的毫不在意。他曾在《别韦参军》一诗中说：

> 二十解书剑，西游长安城。
> 举头望君门，屈指取公卿。
> ……
> 白璧皆言赐近臣，布衣不得干明主。
> 归来洛阳无负郭，东过梁宋非吾土。

无限的憧憬，最终只能化为一缕叹息。生活所迫，求仕失败的高适最终只能回了老家宋州宋城（今河南商丘）。他将笔墨纸砚换作柴米油盐，开始过上了躬耕的读书生活，这样的生活，他足足过了八年。

开元十九年（731年），高适二十八岁，依然寂寂无闻，依然一事无成。他不甘心，他不死心，开始北游燕赵，这期间，信安王李祎征讨契丹，他曾希望能入幕为宾客，战前效力，然并未如愿，只留下了满腹的失望和几纸边塞诗。是啊，寄人篱下终究不是长久之计，他还是决定靠自己的能力闯出一片天地。

这一次，他屈服了，选择了自己曾经不乐意去参加，却被证明是最公平、最能出人头地的一种途径——科举。四年后，三十二岁的高适应征赶赴长安，满怀期待地参加了科举。

似乎，人的一生总会有一种不成文的定律——如果失败了一次，命运并不会立刻眷顾，而是会用更多的挫折来考验。不出所料，在人才济济的长安，高适落榜了。

三十五岁时再考，再次落第。

对于一个读书人，科举两次落第意味着什么不言而喻。随着年龄增长，随着精力衰竭，或许他这一辈子都很难通过科举出人头地了。

再次返回老家的期间，他满腔愤懑，再加上有朋友从边塞远道而还，激发了他对早年间的回忆，有感而发作了著名的《燕歌行》：

> 汉家烟尘在东北，汉将辞家破残贼。
> 男儿本自重横行，天子非常赐颜色。
> 摐金伐鼓下榆关，旌旆逶迤碣石间。
> 校尉羽书飞瀚海，单于猎火照狼山。
> 山川萧条极边土，胡骑凭陵杂风雨。
> 战士军前半死生，美人帐下犹歌舞。
> 大漠穷秋塞草腓，孤城落日斗兵稀。
> 身当恩遇恒轻敌，力尽关山未解围。
> 铁衣远戍辛勤久，玉箸应啼别离后。
> 少妇城南欲断肠，征人蓟北空回首。
> 边庭飘飖那可度，绝域苍茫更何有。
> 杀气三时作阵云，寒声一夜传刁斗。

相看白刃血纷纷，死节从来岂顾勋。
君不见沙场征战苦，至今犹忆李将军。

写这首诗的时候，高适并不在边塞，所言字句却异常真切，犹如亲历。

大漠狂沙，风川萧条。在战场清苦的环境里战士们拼命厮杀，非为功勋，可将领们却在纵享歌舞，醉生梦死。"将士军前半死生，美人帐下犹歌舞"，这是多么讽刺的，却又是多么的触目惊心。当其他诗人在大肆宣扬战场荣威，为国争光时，高适偏偏独辟蹊径，将当时将领们不知体恤军士的情景描摹得淋漓尽致。

这看似是一种偶然，是一种牢骚，也似乎是必然，是一种预言。多年后的高适，最终走向了边塞，写出了豪迈。

蹉跎之间，十年又过去了，高适已经四十五岁。

半生已尽，一无所成，这一年他还送别了自己的好朋友——董庭兰（即董大）。董大是大唐吏部尚书房琯的门客，房琯已经被贬出朝廷，董大也受此牵连，离开长安。

临别之际，高适仰望着漫天雪纷纷，阴云布千里，想到与好友此去一别，再难相见，却又充满了对他的期待与祝福。心有感触，不得不发，高适挥笔写下那首著名的送别诗《别董大》：

千里黄云白日曛，北风吹雁雪纷纷。

> 莫愁前路无知己,天下谁人不识君。

临风一曲,思念千里。以豪迈写离情,这便是高适的豪情。

在告别董大的第二年,高适终于科举高中,以有道德、才艺的人被睢阳太守张九皋所举荐,被授予封丘尉一职。只是这个官职整日与杂事相交,"亲理庶务,分判众曹,割断追征,收率课调",实非他所愿。

然而,当时的他受生活所迫,还没有逃离的勇气和资本,便在这个职位上庸庸碌碌地待了三年。人在低谷困顿之时,只要有坚持和改变的勇气,就有可能逆流而上,再获荣光。蛰伏的日子里,他只需要积攒满腹的才华,只待时机到来,便会展翅而飞,腾空万里。

天宝十一载(752年),高适终于决定辞去封丘尉一职,客游长安,投笔从戎。当时的凉州河西节度使哥舒翰是战场悍将,对善写边塞诗、豪迈雄浑的高适青睐有加,便迅速任命他为掌书记(机要秘书)。

这里,便是高适梦想的开始。

历经了年轻气盛时的冲动的惩罚,高适已经学会了一些官场之道,学会了一些政治才能,所以才能在仕途上一路高升。同时,高适满腹的才华是无可置疑的,所以才在大唐诗坛上大放异彩。

755年,大唐王朝迎来了它命运中的转折——安史之乱,这也是五十二岁的高适命运的转折。此后的高适,一路坦途，步步高升。

五十二岁，拜左拾遗，转监察御史，辅佐哥舒翰守潼关。

五十三岁，六月，安禄山叛军攻陷潼关后，随玄宗至成都，不久被提拔为谏议大夫。

同年十二月，升为淮南节度使，组织军队讨伐造反的永王李璘。

五十四岁，平定永王叛乱，并救睢阳之围；好友李白作为永王幕僚而被流放夜郎。

六十岁，任剑南节度使。

六十一岁，任刑部侍郎，转散骑常侍，进封渤海县侯。

曾经低到尘埃里的命运曲线终于迎来了它的人生顶点，这是大唐历史上的奇迹，甚至是文人史上的奇迹。有人说，高适是命好，恰逢乱世，加官晋爵比太平时容易；也有人说他是运好，得遇明主，才打开了他仕途的大门。

却偏偏有人忘记了，他的仕途之路并非从天而降，而是他一步一步踏踏实实走出来的。在很久很久以前，他便以边塞诗而闻名，是他主动选择了军旅，是他骨子里那颗驰骋于战场的灵魂，指引他来到了属于他的地方。

在文人梦寐以求的政治世界里，高适从少年到中年皆是潦倒不堪，却在花甲之年实现布衣封侯，这是命运对他的奖赏，更是他对自己的证明。

永泰元年（765年）的正月，春节的爆竹还未燃尽，处处还是祥瑞之气，六十二岁的高适溘然长逝，只留下了他的传奇故事，辗转至今。

此生长恨半生缘：白居易

> 我有所念人，隔在远远乡。
> 我有所感事，结在深深肠。
> 乡远去不得，无日不瞻望。
> 肠深解不得，无夕不思量。
> 况此残灯夜，独宿在空堂。
> 秋天殊未晓，风雨正苍苍。
> 不学头陀法，前心安可忘。
>
> ——白居易《夜雨》

秋意微凉，夜灯昏黄。

白居易就着淅淅沥沥的秋雨，写下残缺不全的词句，记忆里那个影影绰绰、窈窈窕窕的身影再一次不受控制地跳出。心千结，肠百折。说是一颗沁入骨血、越擦越明的朱砂痣，说是一片如影随形、无法触及的月光，隔着二十多个春秋轮回，隔着数不清的嗔痴纠缠。他知道，他们再也回不去了。

初见面，他们还带着童年时的懵懂。

那一年，家乡战乱，十一岁的白居易随母亲从新郑（河南新郑）迁来符离（今安徽省宿县境内）。移风易俗，人事皆疏，那一段日子是艰难的、枯燥的。他每日只能执卷而读，提笔而书。这时的她比邻而居，如一抹鲜亮的光照亮他的生活，陪他读诗写字、赏花饮茶、浅唱低吟……

碧纱窗前，那个曼妙娉婷的身影，慢慢脱落稚气，变得亭亭玉立。"娉婷十五胜天仙，白日嫦娥旱地莲。何处闲教鹦鹉语，碧纱窗下绣床前。"年少时的悸动被朝夕相处的日子酝酿成浓情蜜意，娇羞与温柔，被他款款落在笔尖。

他们锦瑟不相离，他们筌篌长相依，他以为，那是他们的开始。他的眼里眉间，她的嘴角耳畔，美好的日子会写下去，一年，三年，五年……他们会有一生一世。谁知，年少无着的生活，没有一一写下，怅然无奈的际遇，却全在风里雨里。许多年间，他们并没有在一起。

人们都说有什么离奇的演绎，其实不过又是一场世俗的距离，他是官家子弟，她不过是寒门之女。白居易的母亲碍于门第之见，坚决不答应两人的亲事。一边是生身之母，一边是倾心之爱，白居易不可免俗地遇到这样的考验。人在"碰壁"的时候，的确可以孤注一掷，只是他还没有置之死地而后生的底气，便选择了最令人不喜的逃避。

二十七岁时，他无奈离去，逐水南下。这一路，风香水软，白居易的心里却只装得下一个她。他把满腹相思化成文字，寄给远方的湘灵。距离，把思念拉长；回忆，把爱恨都成全。

他写《寄湘灵》,她在他的故事里有了具体的名字:"泪眼凌寒冻不流,每经高处即回头。遥知别后西楼上,应凭阑干独自愁。"他写《寒闺夜》,在故事里想象她的样子:"夜半衾裯冷,孤眠懒未能。笼香销尽火,巾泪滴成冰。为惜影相伴,通宵不灭灯。"

人们都道白居易的诗通俗易懂,他的感情也如文字一般晶莹通透。"愿作远方兽,步步比肩行。愿作深山木,枝枝连理生。"岁月并未碾碎他的柔情,反而将那份心意发酵得更浓。他也如俗人一般,想许一个未来给她。

只是,这一条路走得比常人艰辛太多,却也等不到结果。

贞元十六年(800年)初,29岁的白居易考上了进士,他言辞恳切,向母亲要求与湘灵的婚事,但被封建观念极重的母亲拒绝了。白居易无奈,便怀着极其痛苦的心情离开了家。贞元二十年(804年)秋,白居易题名雁塔,官至校书郎,需回家办理户籍转移。他抗争,他哀求,得到的依然是母亲百般阻挠,甚至全家迁离时也不得道一声珍重。此后将近八年时间里,隔着门户,隔着母亲,白居易和湘灵之间,一切过往被残忍地涂抹上苍白的颜色。

不得见她,不得念她,白居易以不与他人结婚对抗母亲的残酷,将缱绻心事化作点滴翰墨。他写《冬至夜怀湘灵》,驱散冬日的沁骨的寒意;他写《感秋寄远》,驱散深秋浓郁的惆怅;他写《寄远》,剖白自己难言的心事,"欲忘忘未得,欲去去无由"。

三十七岁时，在母亲以死相逼下，他娶了妻，违背了当初对湘灵的诺言。纵使心中悲如刀绞，也抵不过母亲硬如磐石的决心，在"妈妈与爱人你选谁"这个千古命题前，白居易输得彻底。

那一场铭心刻骨的情事，又怎可能被轻易忘却？那个名字如隔云雾、如蒙烟水，只有在不被人打扰的晚上才敢偷偷思及。白居易在脉脉的风中，任思绪纷飞，凉意浸入，牵挂与思念交织成那一篇难以言说的心事。

"我有所念人，隔在远远乡。"道阻且长，素履难往。"乡远去不得，无日不瞻望。"不是不想，只是已物是人非。

写下这首诗的时候，他四十而不惑，妻子杨氏已入门三年。或许，湘灵也早已嫁为人妇；或许，湘灵早已将他彻底遗忘。只是，那在心中刻了二十年的名字，像是生了根，像是刻了骨，想抹也抹不掉。"肠深解不得，无夕不思量"，只怕此生都不能再忘。

这首诗与其说是写相思，不如说是写忏悔。当一切无解的时候，所有的思念都变成徒劳。这个秋夜显得漫长而又孤独。

再见到湘灵的时候，正是白居易蒙冤被贬谪江州最狼狈的时候。

815年，宰相武元衡遇刺身亡，白居易上表主张严缉凶手，被认为是越职言事。其后他又被诽谤"不孝"：母亲看花而坠井去世，白居易还写着关于"赏花"和"新井"的诗。遂以此为理由被贬为江州（今江西九江）司马。但在这多舛的经历中,他感恩上天让他遇到了漂泊在外的湘灵父女。

> 我梳白发添新恨,君扫青蛾减旧容。
> 应被傍人怪惆怅,少年离别老相逢。
>
> ——白居易《逢旧》

一个仓皇的转身,青衫已遍湿,为他的遭遇,也为她的。

再见湘灵时,她红颜已旧,添了新愁,却依然是待嫁之身,他的身边却已没有她的位置。白居易年少时因苦读而白的发,再一次添上了新恨。说起来是母亲以死相逼,他只能另娶。可是种种过往,终究是他负了湘灵。即便妻子在侧,他再也无法隐藏心中的悲痛,再也无法克制自己的情绪。

有时候,我们敢于敞开心扉的时候,常常是因为知道了不可能的结局。湘灵的芳心错付、时光蹉跎,他的一往情深、无可挽回,都被这命运玩弄在股掌之间。

远方兽离,连理枝断。有人说《长恨歌》的情感基调,便来自于此。"天长地久有时尽,此恨绵绵无绝期。"一切依稀是遥不可及的前世,是无法回首的过去。

看清了人世苍凉,接受了世事无常。白居易沿着生命的轨迹,做官、任职,他竭尽所能隔绝湘灵的一切信息,他的日子似乎一切如常。辗转半生的情缘,终于在白居易五十三岁的时候戛然而止。

那年,他在杭州刺史任满,终于可以重回故居,去符离看看。他满怀期待,翘首以盼,没想到湘灵早已不知去向。或许是不得见，或许是不愿见。只是，他心上无法被弥补的伤痕，越来越大，越来越明显。

"不学头陀法，前心安可忘"，想忘又不能忘，想忘又不敢忘。殊不知，湘灵读这句诗的时候亦是这样的心情，后来以居士身份在西楼奉佛诵经，不知不觉应了他的诗谶。

半生无缘，此生长恨。白居易听到这个消息的时候，禁不住叹息一声，那隔着岁月长河的怨念再次席卷而来："别来老大苦修道，炼得离心成死灰。平生忆念消磨尽，昨夜因何入梦来？"

草木长，空山暗，一灯如豆。唯有梦里浅笑盈盈的她，恍然如昨……

是我做错多情种:元稹

曾经沧海难为水,除却巫山不是云。
取次花丛懒回顾,半缘修道半缘君。

——元稹《离思》

公元840年,白居易做了一个沉沉的梦,他在梦里与挚友元稹携手同游,谈笑风生,醒来后却眼前空空,不见旧人。枕上湿遍,泪落簌簌,他颤抖着双手写下"君埋泉下泥销骨,我寄人间雪满头"。

这时,元稹离开人世已经九个春秋。

回眸过去,我们才缓缓发现,元稹给别人写过许多感人至深的句子,有给友人的拳拳思念,更多的是对爱人的深情款款的呢喃。他一生中那些或圆或缺的爱恋,没有成为他的滋养,却沉淀成或浅或深的污垢,一遍遍地被旁若无人地揭开。

太沉浸于男欢女爱的欢愉,也太沉沦于生离死别的痛楚,他把喜怒哀伤无限地放大了,最终成为射向自己的利剑!

唐德宗贞元九年（793年），十五岁的元稹参加朝廷举办的"礼记、尚书"考试，实现两经擢第，却一直无官，便四处闲居、游山玩水，日子过得惬意悠闲。六年后，寓居蒲州的元稹在山西河中府做了一名小官，并成功邂逅了人生的第一段爱恋。

当时的蒲州，正赶上驻军骚乱，兵荒马乱，人心惶惶。元稹借助友人之力，成功保护了处于危难之中的远亲。此时的元稹功名在身，有了见义勇为的滤镜，愈发显得一表人才，英气勃发。远亲的女儿名唤双文，年方十七，明艳绝色，楚楚动人，正是情窦初开的季节。

一个是年少英才，一个是窈窕之姿，情思萌动似乎也在意料之中。

他在月色朦胧的三五月夜，站在西厢花影斑驳的墙下，只为等君一回顾。"待月西厢下，迎风户半开。拂墙花影动，疑是玉人来。"而双文虽未明说，但她那含羞带怯的模样，一早便表明了心迹。此后，便是一场顺理成章的热恋。

陷在爱恋中的男子，就像是一个迫不及待宣告胜利的孩子，元稹兴致勃勃把他与双文之间的隐幽秘事，洋洋洒洒写成了《会真诗三十韵》。

三载光阴，转瞬即逝。双文以为在这样的你情我愿、你侬我侬之后，本该是一场鼓瑟吹笙、锣鼓齐鸣的婚礼。可是，元稹却要走了，他要去长安京城应制科试，考取功名。

诚然，他有权利去追求更优秀的自己，却不该明明有了自己的规划，却从未将她列入其中。一往情深又如何，终究抵不过衣锦繁华、光明前途。尽管，后来的他还写了《杂忆》五首，怀念他与双文花前月下、红袖添香，他与她漫步回廊、互诉衷肠。这一切的一切，美好得像一个梦，而他最终彻底失去了。

很多年后，也许是良心不安，或许是追忆从前，元稹将自己的这段故事，写成了传奇《莺莺传》，流传至今。近代文学家、历史学家陈寅恪明确指出：《莺莺传》为微之自叙之作，其所谓张生即微之之化名，此固无可疑。

年少时的情事，终究只是谈资。

贞元十八年（802年），二十四岁的元稹第二次参加贡举，次年入秘书省任校书郎，不久便娶太子少保韦夏卿之女韦丛为妻。

这段婚姻开始得很突然，出身普通的元稹似乎只是为了高攀，踏上入仕的坦途。幸好这是他们美好的开端，两人婚后颇为恩爱，齐眉举案。

以韦丛的家庭背景，她本可以有更好的选择，可却下嫁给当时仍寂寂无闻的元稹。她不慕名利，只为真心，无怨无悔地尽着一个妻子的责任。婚前她是名门千金，锦衣玉食；婚后她却不得不亲力亲为，柴米油盐。

那段日子，即便是对于普通女子也显得颇为艰辛，更何况对于不愁吃穿的韦丛。元稹不过是小官一名，薪水微薄，他们经常野菜充饥，她却吃得香甜。出门应酬，元稹没有适合的衣服，她便一针一线缝入自己的体贴与温柔。诗人无酒不成韵，她便拔下金钗、摘下玉镯，换了酒钱，支撑他的诗酒生涯。

元稹本以为从婚姻得到的只有利益，却不想收获的是满满的真心，还有他们可爱的女儿。他一回眸，便能看到妻女的笑颜，一伸手，便能得到一路扶持，同风共雨。他深深地庆幸着，感恩着。

然而，好景不长。唐宪宗元和四年（809年），元稹刚刚升任了监察御史，积劳成疾的韦丛却撒手人寰。

忆往昔，她在最好的年华与他结同心、相扶持，抛却繁华，她能在风雨中迅速成长，成为一个家的支撑。而他终于可以让她少吃些苦，少受些累，她却再也等不到了。一思及此，元稹悲从中来，写下情意绵绵的《遣悲怀三首》和《离思五首》悼念亡妻。

谢公最小偏怜女，自嫁黔娄百事乖。
顾我无衣搜荩箧，泥他沽酒拔金钗。
野蔬充膳甘长藿，落叶添薪仰古槐。
今日俸钱过十万，与君营奠复营斋。

昔日戏言身后意，今朝都到眼前来。
衣裳已施行看尽，针线犹存未忍开。
尚想旧情怜婢仆，也曾因梦送钱财。
诚知此恨人人有，贫贱夫妻百事哀。

闲坐悲君亦自悲，百年都是几多时。
邓攸无子寻知命，潘岳悼亡犹费辞。

同穴窅冥何所望，他生缘会更难期。
惟将终夜长开眼，报答平生未展眉。

——元稹《遣悲怀》三首

他将与妻子的过往从头数过，也将自己的情意重新罗列，似乎要渗出血泪。其中，《离思》中最深情的表白"曾经沧海难为水，除却巫山不是云"更是成为历代深情之人奉为圭臬的神话。

可是，他又很快地爱上了别人，而且不止一个女人。这些后来的情事，却成为很多人心中的刺，是不可原谅的。尤其是在他写出那样深情、炽热的追念之后。

说得出、数得清的痴情，似乎成了罪名。

元和四年（809年），韦丛新丧不到一年，在蜀地履职的元稹，偶遇四十一岁的乐籍才女薛涛。

她才貌过人，知音律，工诗词，是当时有名的美女诗人，更结识了不少文人骚客，游走于各种宴饮之所。她如荆棘丛中摇曳的玫瑰，顾盼生姿，万种风情，很快便俘获了元稹的心。他们一起游历山川，谈风论月，她写下了真情流露的《池上双鸟》："双栖绿池上，朝暮共飞还。更忆将雏日，同心莲叶间。"

后来，元稹职务调动，在四川只待了几个月便要回到洛阳。她满怀不舍，爱意缠绵，独居浣花溪翘首以盼；而元稹也许下相见之期，再约黄昏或陌上。

离别的笙歌已经奏响，两人依然可以书信来往，互诉衷肠。元稹感情中的历史再次重演，开始为薛涛写诗，他写"别后相思隔烟水，菖蒲花发五云高"。而薛涛则用诗笺寄情，"雨暗眉山江水流，离人掩袂立高楼"。她还对当地造纸的工艺加以改造，将纸染成桃红色，裁成小小的尺幅，刚好写得下她的相思，后人叫它"薛涛笺"。

由于年龄和世俗的羁绊，他们的爱情注定无疾而终。果然，薛涛在浣花溪等了三年，也没有等来元稹的身影，却在后来得知了他另娶的消息。

陷入爱情的薛涛已经忘了，她本在风尘之中，风尘中的誓言本就是虚无缥缈的，怎么抓得住呢？她愤然写下《春望词》，倾泻自己的幽怨与苦楚："风花日将老，佳期犹渺渺。不结同心人，空结同心草。"

于是，黯然神伤的薛涛从喧嚣的红尘路上脱离，换上了一袭灰色的道袍，开启她另一段传奇。可是，薛涛对元稹始终是付出了真情的，很多年后依然写出《寄旧诗与元微之》一诗，表白自己的真情。而元稹却又开始了自己新的故事。

你情我愿的风流，喋喋不休，却不太适合白头。

后来，元稹因为得罪宦官，被贬江陵。此时的元稹外要应付官场，内要照料幼女，再加上自己又疾病缠身，便纳了安氏为妾，照应生活。

元和十年（815年），元稹又被贬通州，在上司山南西道节度使（相当于今省长）权德舆的撮合下，他又娶了一位河东才女裴淑为妻。

两人能文诗酬唱，倒也算琴瑟和鸣。在遭遇官职调动时，裴淑心中不喜，元稹会温言相劝："穷冬到乡国，正岁别京华。自恨风尘眼，常看远地花。碧幢还照曜，红粉莫咨嗟。嫁得浮云婿，相随即是家。"裴淑文采不凡，也能及时应和："侯门初拥节，御苑柳丝新。不是悲殊命，唯愁别近亲。黄莺迁古木，朱履从清尘。想到千山外，沧江正暮春。"

元稹后来的命运依然坎坷，幸好有裴淑始终不离不弃，相伴左右。

这期间，他还再一次爱上了浙东才女刘采春，认为她"诗才虽不如涛，但容貌佚丽，非涛所能比也"。他为她作《赠刘采春》："言辞雅措风流足，举止低回秀媚多。更有恼人肠断处，选词能唱望夫歌。"刘采春的结局如何无从知晓，元稹和她的结局却早已写好。他为她做自己所能做的事，唯独不能娶她。

大和五年（831年）七月二十二日，元稹暴病，他什么也没带走，又似乎要把什么都带走。一日后，元稹便匆匆去世，时年五十三。他去时，只有裴淑还陪在他的身边，看他垂下那双作诗的手，闭上那双含情的眼睛。

元稹的岁月走过，功过任人评说，更多的标签还是"负心汉""渣男"。细数他人生中的女子，也许他并非不爱，毕竟每一次爱恋，他都用尽了力气去爱，用自己的文采去纪念，只是投入得太急，抽身得太快。

昔日的繁花散落了一地，黯淡了旧事他年。希望下一世的他，爱情之花能只为一人而开，能常开不败。

山月不知心里事：温庭筠

千万恨，恨极在天涯。

山月不知心里事，水风空落眼前花，摇曳碧云斜。

——温庭筠《梦江南》

他才思敏捷，八叉手而成八韵，故有"温八叉"之名；他的长相却让人人跌眼镜，又常常不修边幅，人们叫他"温钟馗"，不足养眼，恰好克鬼。古人损起人来，丝毫不留情面，却让你无从反驳。

颜值与才华的落差，成就了他一段传奇，然而命运与才华的落差，却造就了他一生的伤逝。

他本是唐朝宰相温彦博的后代，可是到了他这代时已经是家道中落了，再加上父亲早逝，温庭筠兄弟姐妹四人全随母亲生活，后来得父亲好友段文昌帮助，得以读书求学。

温庭筠天赋极佳，出口成章，然而运气总是差强人意。唐文宗开成四年（839年），秋试京兆不第，只得返回故乡太原。

城外的长亭，寒风格外凛冽。这样狼狈地离开，是他始料未及的。他再一次望向长安的方向，回忆起曾有的辉煌时光：他曾与太子李永推杯换盏，也曾与宰相裴度诗词唱和，他也曾得到过不少人艳羡的目光。

他曾带着满腹的抱负而来，带着故乡人的期许而来，如今要走的时候，却连这长安的一花一木，甚至这虚无的风都带不走。无情的风啊，撕扯着他单薄的衣衫，吹皱他本就丑陋的脸庞，也推着他远离长安的方向……

上帝给他关上一扇窗，也可能再次关上一扇门。唐宣宗大中元年（847年），温庭筠在长安应进士试，再次落第。

他看清了自己的处境，逐渐心灰意冷，整天厮混于秦楼楚馆，在长安与令狐绹之子令狐滈、裴度之子裴诚等狎游。他以为眠花醉柳，可以消解一些失意困顿。这期间，他还发了不少牢骚，"两行密疏倾天下，一夜阴谋达至尊""三年骥尾有人附，一日龙须无路攀"，明里暗里讽刺权贵。

人在灰心失意的时候，言语之间难免揶揄、怨怼，然而官场不适合袒露自我，过于直白只会让自己成为众矢之的，再有才华也成不了盔甲。温庭筠偏偏是个固执的人，总是看不惯权贵，这样的直白与肆意只会加速他政途的败亡。温庭筠偏偏不走寻常路，仕途不通，他竟生出了替他人做枪手的念头。

《旧唐书》记载，唐宣宗大中九年（855年）的阳春三月，温庭筠应试博学宏词科，替京兆尹柳熹之子柳翰作赋，导致当时的侍郎和郎中都被贬谪。

不知是造化弄人，抑或是自作孽不可活。原本这是他施展才能的绝佳机会。不论是渊博精深的学识，还是优美恢宏的文辞，对于高傲的他来说都不在话下，倘若认真应考，榜上题名或者得一官半职也未可知。只是，本就乖戾的他再冠上"作弊"的罪名，即便才可通天也必然会与一众文人生了嫌隙。

然而，他并未就此收手，并屡屡以作弊为荣。史书说他"每入试，押官韵作赋。凡八叉手而八韵成。多为邻铺假手，号曰救数人也"。不打草稿，不用苦思，叉手便能成韵，这便是他"温八叉"名号的由来，只是并非光彩之事。

当时的考官对他可以说是深恶痛绝，想出各种方法杜绝他作弊，比如单独为他安排了一个座位，让他在考官眼皮子底下答卷。却不料他依然作弊成功，还用暗语沾沾自喜。这一次，他被彻底剥夺了进士的资格。

看不到希望的人生，常常会走下坡路。然而温庭筠这段日子的词句依然柔情、婉约。假借女子的口，诉说自己的情，这是他最拿手的事情。

他思念的人，是"双鬓隔香红，玉钗头上风""翠钿金压脸，寂寞香闺掩"。依依惜别时，他说"相见牡丹时，暂来还别离""岭头便是分头处，惜别潺湲一夜声"。两地相思时，他说"雁声远过潇湘去，十二楼中月自明""玲珑骰子安红豆，入骨相思知不知"。

有人说这样的句子总觉得忸怩作态，可我们不能否认他文辞的优美，更不能武断认为这无一点儿他的真心。

有心人根据他写出的辞藻，杜撰出他与鱼玄机的一段情事，为他冠上了"多情"的帽子，似乎一个落魄的才子必要惹出这样的花边新闻，才能增加一些谈资。

事实上，鱼玄机原名幼薇，玄机是她出家之后的名字。她的童年与很多才女别无二样，年少便通诗词，才名在外。认识温庭筠之时，她不过豆蔻年华，玉面娇颜，他却已过不惑之年，在布满荆棘的路上摸爬滚打了几番，沧桑苦闷。

传说，当时在长安的温庭筠听闻她的才名，便以来路上看到的江岸春柳，给她出了一道命题作文。鱼玄机略一沉思，就以他出的"江边柳"三字为题写下了一首《赋得江边柳》：

翠色连荒岸，烟姿入远楼。
影铺秋水面，花落钓人头。
根老藏鱼窟，枝低系客舟。
潇潇风雨夜，惊梦复添愁。

然而，后来有人求证这首诗的缘由并非如此，而是鱼玄机被抛弃后的作品。真真假假，早已化作袅入尘世的风。

历史上可考的两人交集，大约出现在大中十二年（858年），这年冬天，温庭筠作《晚坐寄友人》，鱼玄机作《冬夜寄温飞卿》相和。她说"满庭木叶愁风起，透幌纱窗惜月沈"，他说"遗簪可惜三秋白，蜡烛犹残一寸红"。诗风的确相配，辞藻也能相匹。鱼玄机后来确有《寄飞卿》之类的诗词，"珍簟凉风著，瑶琴寄恨生"这类言辞也的确会滋生不少暧昧。

只是，她在他的人生里，不过是细碎的几个片段，他在她的岁月里所谓的挚爱情深更无从说起。仅凭几句和词便将他们牵强作对，似乎并不合理。且不说再后来，她嫁作李亿为妾，妒杀婢女绿翘，几番辗转后被温庭筠远亲京兆尹温璋所判杀。

不过有时，也宁愿相信这段杜撰的情事，至少还能抚慰他仕途无望的辛酸。

他一生步履不停，追利逐名，但去向何方，却从不由他决定。也许他注定是个一生无法安定的旅人。温庭筠也曾学杜牧赢得青楼薄幸，也像许多才子感受过"满楼红袖招"，写出许多香艳绮丽的句子，只是归根结底，这不是他的归宿。

所谓的放浪形骸、轻狂模样，不过是掩饰着一事无成带来的伤痕。他早年在应试之时，曾写过一首《春日将欲东归寄新及第苗绅先辈》：

> 几年辛苦与君同，得丧悲欢尽是空。
> 犹喜故人先折桂，自怜羁客尚飘蓬。
> 三春月照千山道，十日花开一夜风。
> 知有杏园无路入，马前惆怅满枝红。

一字一句，写尽了他的无奈与窘况。看着别人蟾宫折桂，无限荣光，他却如浮萍飘蓬，怎不让人心生唏嘘。此后数年，温庭筠辗转襄阳、江陵、广陵等地，却始终漂泊无依，最后也只担任国子助教一职而已。广为流传的《梦江南》，应当写于他羁旅的路上，写于他惆怅的梦里，写于他多少次叹息里。

千万恨，恨极在天涯。
山月不知心里事，水风空落眼前花，摇曳碧云斜。

落花犹在，浮云游弋，总不成个形状。就如他的人生，得到的，终究失去了；得不到的，不过是空念一场。前行无路，他的心苦涩着、惆怅着，慢慢空了一个大洞。

若说他有什么极重大的建树，似乎也没有；若说他这一生全无收获，也是不准确的。因为在他之前，文人常常不屑作词，正是他带动了这样的词创作风尚。

过尽千帆皆不是，斜晖脉脉水悠悠，肠断白蘋州。
无言匀睡脸，枕上屏山掩。时节欲黄昏，无憀独倚门。

酒肆阁楼中，歌姬们唱着他的歌，回望着他的过往。只是这些带着香气的句子，终究不是他的初心。鲜有人知道，他时光的背面，写下的终究是一腔惆怅。

唐僖宗咸通十五年（874年），温庭筠在河南方城流落而死，带着他不为人知的心事，他不可企及的梦，他不敢回眸的过去，他执着一生的寻觅。

然而，终究是远去，远去……

漂泊亦是修行法:刘禹锡

> 巴山楚水凄凉地,二十三年弃置身。
> 怀旧空吟闻笛赋,到乡翻似烂柯人。
> 沉舟侧畔千帆过,病树前头万木春。
> 今日听君歌一曲,暂凭杯酒长精神。
> ——刘禹锡《酬乐天扬州初逢席上见赠》

有一种人,身在荆棘之途,却满载着花香,身处污淖之中,依然彳亍前行。高堂明镜,乡间草木,倏忽之间,已为陈迹。青丝白发的变化,踯躅而从的命运,不可免俗地如期而至。并非不知老之将至,并非不知岁月蹒跚,只是经历了繁华般的绚烂,剪除那些凄风苦雨的记忆以后,他看到的是满天红霞,是河流山川,是一路泥泞中让人生变得无限的一种修炼。

万水千山,我亦独行。这样的刘禹锡,在大唐最绚烂的年华里,书写着不可复制的传奇。

弱冠少年，才气纵横，他进士及第的那年，不过二十一岁。同年，他又登博学鸿词科，两年后再登吏部取士科，释褐为太子校书。春风得意，众星捧月，他轻而易举地走上了仕途，几年后迁任监察御史。那几年，他还和后来名声大振的韩愈、柳宗元结为好友，过从甚密。甚至，刘禹锡和柳宗元积极参与了太子侍读王叔文等人的政治改革运动，准备大刀阔斧，施展抱负。

历史上凡是触犯统治阶级利益的改革大抵以失败告终，这次改革运动触犯的还是最最核心的财政利益，失败是避无可避的。一荣俱荣，一损俱损。顺宗被迫让位于太子李纯，王叔文赐死，王伾被贬后病亡，刘禹锡与柳宗元等八人先后被贬，刘禹锡被贬为朗州（今湖南常德）司马。

这就是历史上著名的"八司马事件"，这一年刘禹锡三十三岁。

而立之年，本应是家庭事业双丰收，如今却是落魄中年分外凄凉。昔日的鲜花与掌声湮没在匆匆时光里，消散在偏远之地的困囿里。这一去，便是十年。

湘江楚水，向来是贬谪之地，生活可想而知。蛇鼠虫蚁，或许就是他路上的同伴；荒草荆棘，或许就是他居所的点缀；排挤与刁难，也许就是他为官的常态。好在这一切他都坚持下来了。他等到了十年后的诏令，速回京城。

然而，十年的岁月打磨，并未让他学会韬光养晦，他又一次闯了祸。

那一日，刘禹锡邀请几个好友去城郊的玄都观赏花。

有情便抒、有诗便写的习惯，促使他大笔一挥，写了《元和十一年，自朗州召至京，戏赠看花诸君子》诗：

> 紫陌红尘拂面来，无人不道看花回。
> 玄都观里桃千树，尽是刘郎去后栽。

红尘陌上，桃花怒放，看花之人比肩接踵。然而，这十里桃林、花开似锦的十年，也是他贬谪在外的十年。看花的人只看到眼前的美景，却并不关心这热闹繁华背后被弃置的岁月。事实上，看花之人并非白丁，自然听得出他的言外之意，也自然难以忍受他这一番揶揄暗讽。

至于真讽刺还是假暗示，已经不重要，刘禹锡这一次因言致祸，被贬到更偏远的贵州遵义，做了播州刺史。当时的贵州尚未开化，丛林幽深，瘴气密布，只适合猿类居住，人类根本无法生存。雪上加霜的是，他还要带着八十岁的老母亲赴任，千里迢迢奔波劳累。好友柳宗元求情，再加上御史中丞裴度帮忙，朝廷才松了口，同意把他贬为连州刺史。

同年春，好友柳宗元被贬为柳州刺史。然而，面对同样的命运，两人的胸怀和气度却是有所差异的。此次贬谪，两人刚好可以同行，直到衡阳才依依作别。柳宗元还是放不下那官场的风风雨雨，写的《衡阳与梦得分路赠别》言语之中不少怨气："直以慵疏招物议，休将文字占时名。今朝不用临河别，垂泪千行便濯缨。"

柳宗元向来孤傲清冷，当初在永州就写了不少怨诉、愤懑之词，就连描摹山水的《永州八记》也总是借山水游记，书写着胸中愤懑之气。刘禹锡虽也有无限感慨，隔着重重山水阻碍，再见自是难得，再一想两人虽然不能相约，但是相望吟诗而诉，也可一解相思了。

> 去国十年同赴召，渡湘千里又分歧。
> 重临事异黄丞相，三黜名惭柳士师。
> 归目并随回雁尽，愁肠正遇断猿时。
> 桂江东过连山下，相望长吟有所思。
> ——刘禹锡《再授连州至衡阳酬柳柳州赠别》

贬官的凄楚与离别的忧伤，似乎一瞬间便融入到笔墨里，喷薄而出的是劝解好友的抚慰和面对困境的坦然。上天虽不怜我，我却不能弃。无论何时，他都挺立着身躯，昂扬着头颅，用自己的诗词写出自己生活的样子。

> 自古逢秋悲寂寥，我言秋日胜春朝。
> 千淘万漉虽辛苦，吹尽狂沙始到金。
> 东边日出西边雨，道是无晴却有晴。
> 万户千门成野草，只缘一曲后庭花。

风凉秋爽，萧瑟满地，他看到的是晴空一鹤排云而上；洗沙淘金，千辛万苦，他从中体悟持之以恒的魅力。贬谪路苦，他却不忘寻觅民歌艺术的魅力，不忘追古怀今，报以深情。

活在当下,乐天知命,这样的生活态度,陪着他度过了长达二十三年的贬谪岁月,陪着他走过了南方夔州、和州等地的山水与风雨。宝历二年(826年),刘禹锡奉命调回洛阳,任职于东都尚书省,这一次他又遇上了并不乐天的白乐天。

此时,白居易从苏州返洛阳,二人在扬州初逢时,白居易在宴席上作诗赠予刘禹锡:

> 为我引杯添酒饮,与君把箸击盘歌。
> 诗称国手徒为尔,命压人头不奈何。
> 举眼风光长寂寞,满朝官职独蹉跎。
> 亦知合被才名折,二十三年折太多。
>
> ——白居易《醉赠刘二十八使君》

他喜悦,为他乡偶遇故交知音相逢;他叹息,为刘禹锡的有才不被赏识;他同情,为他一路走来坎坷折磨。只是,说出这些话的白居易似乎并未理解刘禹锡的豪迈与爽朗。

如今的刘禹锡能重回故里,能与白居易把酒言欢,能再现当年风采,这本身便是值得庆幸,故而他用"沉舟侧畔千帆过,病树前头万木春"张扬着他的通达乐观,"今日听君歌一曲,暂凭杯酒长精神",饱含他的浓浓豪情。

面对失意时,他不改初衷,直言不讳;面对喜悦时,他也言之不虚,真情流露。二十三年过去了,他再一次回到了玄都观,写下了"百亩庭中半是苔,桃花净尽菜花开。种桃道士归何处,前度刘郎今又来"。灼灼的桃花已开尽,看花的人群已散去,种桃的人群也无踪,只有他自己,依然笑看春风。

  坚持做自己,这是多么奢侈的人生态度,刘禹锡却用一生在践行,在印证。晚年岁月,刘禹锡闲居洛阳,与好友赏花饮酒、赋诗酬唱。白乐天在诗中不免为年老担忧,常常闲居不出,"眼涩夜先卧,头慵朝未梳。……懒照新磨镜,休看小字书";刘禹锡却回过头来感恩岁月,"经事还谙事,阅人如阅川。细思皆幸矣,下此便翛然。莫道桑榆晚,为霞尚满天"。细思之下,刘禹锡的豪情俊气,真不负"诗豪"二字。

  千帆历尽,百般滋味,几十年岁月。即使再重活一遭,我想他依然会不念过去、不畏将来,即使过着漂泊的生活,也要写出最灿烂的诗句。

  因为,那些有血有肉、喜怒哀乐的岁月,正是他穷尽一生也要完成的修行!

好梦总被风流误：杜牧

落魄江湖载酒行，楚腰纤细掌中轻。
十年一觉扬州梦，赢得青楼薄幸名。

——杜牧《遣怀》

提到李白，我们折服于他的天降之才，肆意浪漫；提到杜甫，我们感怀于他的忧国忧民，一腔衷情；提到白居易，我们沉浸于他笔下的浅俗故事，悲欢离合。而提到杜牧，我们能想到的只是唏嘘他的多情，留下一堆风流账。

然而，撇开他人生海洋的浮沫，慢慢品味，才能看清他多情岁月里缓缓流动的，是痴梦一场，是无处安放的憧憬。

杜牧出生的时候，韩愈三十六岁，白居易三十二岁，刘禹锡三十二岁，元稹二十五岁。任他后来丹青妙手，早有文名，可已经注定掬不起唐朝最璀璨时的繁华了。

二十三岁那年，杜牧以一篇《阿房宫赋》火爆文坛，开篇便文采斐然，气势磅礴："六王毕，四海一；蜀山兀，阿房出。覆压三百余里，隔离天日。骊山北构而西折，直走咸阳。"当时的政坛、文坛无不啧啧赞叹。当年的杜牧正踌躇满志，参加科举，以这样的水平蟾宫折桂，应该也无可非议。然而，前四名的人选名单早已内定呈报皇帝，杜牧只能获得第五名。

说他生不逢时也好，说他命运不济也罢，出身名门世家的杜牧并不在意这些。他有显赫的家世，宰相杜佑是他的祖父，声誉极高，父亲杜从郁官居驾部员外郎。外有轩冕车驾，锦衣玉食，内有藏书巨著，大饱眼福。即便不参加科举，他也可以无忧无虑地过下半辈子。

如果说，后来的他是靠着父辈的荫护得到重用，这似乎有失公允。他虽为世家子弟，却颇有政治才能，写过不少策论咨文，也专注于治乱与军事，甚至对藩镇问题发表过意见。少年有志，满腔豪情，是不该随意被贴上标签的。

大和二年（828年），杜牧进士及第，同年授弘文馆校书郎、试左武卫兵曹参军。次年，江西观察使沈传师上表推荐他担任江西团练府巡官。似是一场猝不及防的相逢，他就这样走上了仕途，开始偶遇人生中的一次又一次传奇故事。

他的第一段传奇，始于一个人。

那是829年，他正在南昌滕王阁参加一场宴会。

见到张好好时，她方十三岁，豆蔻年华。身着翠裙曳地，面如红莲初绽，一出场便攫取了滕王阁所有人的目光，待她朱唇轻启，妙喉清亮，歌韵袅袅，周围所有的乐器伴奏都黯然失色了。"盼盼乍垂袖，一声雏凤呼。繁弦迸关纽，寒管裂圆芦。众音不能逐，袅袅穿云衢。主公再三叹，谓言天下殊。"后来，杜牧在《张好好诗》中也不吝笔墨，极尽渲染，只为了描绘女神一般的张好好出现在聚光灯前的场景。

这样如诗如画的场景，怎会不心动？杜牧本是多情文人，心思本就敏感，看到妙龄女子深陷乐籍，失去自由，除却单纯的欣赏，更多的是叹息，是惋惜。何况，当时心动的非他一人，其中还有他的伯乐——沈传师，沈传师甚至以重金为张好好赎身，纳为姬妾。

脱离乐籍，嫁为人妇，本该是一件喜悦的事。然而，在这大唐风月之中，像元稹负了崔莺莺、李益与霍小玉由爱生恨的故事辗转不休，张好好不是起点，也不会是结束。如果能善始善终，那自然是一件可喜可贺之事，然而那样的概率实在太渺茫了。作为旁观之人，他没有什么理由多言，毕竟他也有自己的路要走。

大和九年（835年），三十三岁的杜牧到洛阳任职，重遇故人张好好。岁月无情，不恋美人，没想到当年风姿绰约、万众瞩目的张好好，竟已沦为卖酒东城的当垆之女，风吹日晒，实在堪怜。杜牧心有感慨，写了一首长篇叙事诗《张好好诗》：

洛城重相见，婷婷为当垆。怪我苦何事，少年垂白须。
朋游今在否，落拓更能无？门馆恸哭后，水云秋景初。

斜日挂衰柳，凉风生座隅。洒尽满襟泪，短歌聊一书。

曾经多么光彩夺目，如今便有多么黯然悲痛，杜牧数百言写完张好好的一生，留下了多少唏嘘与泪水。爱而不得也好，同情女性也罢，不去细究杜牧有几多真情，但至少能看得到他有几多柔情。

真情，不需要太多，有人懂了就好。

他的第二个故事，终于一座城。

大和七年（833年），杜牧被淮南节度使牛僧孺授予推官一职，后转为掌书记，负责节度使府的公文往来，因此，他受邀到了扬州。本该是文骋笔苑，济世报国，如今整天却只能面对公文材料，愤懑之情如何不发？

那时的扬州，街巷烟柳满繁华，楼阁珠翠镶满头，年轻的杜牧沦陷了。与其说是沦陷，不如说是消遣，消解那无处安放的才华。寂寞的灵魂偶遇，总会催生婉转多情。就如他遇见了她。

娉娉袅袅十三余，豆蔻梢头二月初。
春风十里扬州路，卷上珠帘总不如。

——杜牧《赠别二首·其一》

那必是一位优雅柔美的女子，秋波流转着温柔，玉指纤纤轻抚着琴弦，起身之时衣袂飘飞，宛如仙子。不知她姓甚名谁，但不妨碍她成为杜牧岁月里的一抹亮色。

人们总说女儿痴，爱恋中的男子也不能免俗。满心满眼都是她，荒芜了整个世界。扬州繁华，珠帘卷翠，任笔下也写不尽，然而这春风十里，不如她的裙裾一角。

然而，任他们后来如何演绎，这缠绵的故事，注定无疾而终。说到底，身在仕途的杜牧，命运从来不由自己，没过多久他便被李德裕调离扬州，赴长安任监察御史，离别是早已写好的结局。

> 在春天
> 你把手帕轻挥
> 是让我远去
> 还是马上返回？
>
> 不，什么也不是
> 什么也不因为
> 就像水中的落花
> 就像花上的露水……
>
> 只有影子懂得
> 只有风能体会
> 只有叹息惊起的彩蝶
> 还在心花中纷飞……
>
> ——顾城《别》

长安路远，山重水复，此去经年，相见不知是何时。此时的杜牧还未远去，便已开始品尝相思的苦涩，"蜡烛有心还惜别，替人垂泪到天明"。

爱上一座城，始于一个人。从此，扬州在杜牧的笔下、梦里反反复复，也萦绕着他的心。这份思念绵远悠长，到了长安的杜牧给扬州的旧友韩绰写信，念念不忘的依然是扬州：

青山隐隐水迢迢，秋尽江南草未凋。
二十四桥明月夜，玉人何处教吹箫。

——杜牧《寄扬州韩绰判官》

山水旧影，桥边红药，多情的他也像诗里所写的那样教她吹箫，与她赏月。然而，当年的那一轮月亮里有她的样子，如今却已不知何踪？后来的后来，他在官途中颠沛流离，他在历史的遗迹里凭吊叹息，也曾再有过心动的时刻，只是终究抵不过年少的缱绻时光。

会昌二年（842年），杜牧刚过不惑之年，由于与牛僧孺交好，被李德裕排挤出京，外放为黄州刺史。这期间，他又任池州、睦州刺史，终于一展所长，兴利除弊，为百姓做了不少实事。追忆十年前的扬州肆意漫游，只觉人生如梦，付与流水：

落魄江湖载酒行，楚腰纤细掌中轻。

十年一觉扬州梦，赢得青楼薄幸名。

——杜牧《遣怀》

扬州欢场，十年风流，他以为那十年是他一事无成的十年，他以为那十年如同虚无缥缈的梦，是将人生的寂寞挥洒在扬州的风花雪月。一个梦，十年不醒，如果不是记得太深刻，便是遗忘得太艰难。很多人以为他是在轻飘飘将昔日情愫一挥而去，但未尝不是对往日逝去之心的一种追忆。

岁月癫狂，美人迟暮。很多年后，他人生里的朱颜凋零，他笔底的文字褪色，人们记得的依然是他风流多情的样子，一如初见。

世间若得安全法：李商隐

> 蔷薇泣幽素，翠带花钱小。娇郎痴若云，抱日西帘晓。
> 枕是龙宫石，割得秋波色。玉簟失柔肤，但见蒙罗碧。
> 忆得前年春，未语含悲辛。归来已不见，锦瑟长于人。
> 今日涧底松，明日山头檗。愁到天地翻，相看不相识。
> ——李商隐《房中曲》

情不知所起，一往而深。

世界的情诗有千千万万，最为大家奉为圭臬的大多是这一句："死生契阔，与子成说；执子之手，与子偕老。"最为平淡，也最为艰难。

死与生的距离，是梦里梦外，是从前以后。一个有你有我，一个形单影只。醉意未醒的李商隐彳亍于这空荡荡的房间，闭上双眼，却始终难以释怀。他不曾怨恨命运给予他的种种考验和撕扯，但生生将妻子卷入纷争，在困苦流离中蹉跎而亡的愤懑，却实在难平。

李商隐自小亡父,在别人往返学堂、学习打闹的日子里,身为长子的他已经开始"佣书贩舂"的艰辛生活,承担起了养家的重任。苦难的日子总能催生更夺目的花朵,他天赋极高,又勤奋好学,利用一切可以利用的资源汲取知识,十五六岁就有了才名。

一个翩翩少年,满腹才华,想要出人头地,最公平的方法便是参加科举。很幸运,他遇到了同窗令狐绹的父亲——当朝宰相令狐楚。他欣赏李商隐的才华,不仅教授他写作技巧,资助他的家庭生活,还曾两次资助他进京参加考试,鼓励他与自己的子弟交游。

如果说勤能补拙,那令狐楚的青眼有加则让他少走了许多弯路。泼墨胸有竹,提笔意纵横。开成二年(837年),二十五岁的李商隐终于考取进士资格。可惜,令狐楚没有等到李商隐的报答,就在那年冬天溘然长逝了。

师恩难忘,他的悲伤与遗憾无法一一题写,人生的路还要走下去。收拾好行装,他第二年参加博学鸿词科却并未录取。于是,经好友韩瞻推荐,应泾原节度使王茂元的聘请,他去泾州(今甘肃泾川县北)做了王茂元的幕僚。

一个偶然的转角,他邂逅了眼角眉梢都写满笑意的她——王晏媄。有的人,你看一眼,就想到了一辈子。李商隐笃定,这就是他想要携手一生的女子。

一个是闺门秀女,落落大方;一个是进士才子,满腹经纶。王茂元乐见这一门亲事,爽快地答应了。

一路红妆,杨柳相迎。锣鼓声喧,宾客笑语。那一天的他忘却童年的流离,抛却仕途艰辛,他以为这场美满的婚姻便是康庄大道的入口。殊不知,一切的无奈从此刻开篇。

那段时间,朝堂之上的党派四处纷争,遍地硝烟,尤其是牛僧孺与李德裕的"牛李党争"已经进入了白热化。李商隐的恩师令狐楚属"牛党",而李商隐的岳父王茂元与李德裕交好,被公认为"李党"的重要成员。他是"牛党"的门生,却做了"李党"的女婿!还未从新婚的喜悦里回过神儿来的新郎官,已经被扣上了"背叛师门"的帽子。

向牛还是向李,好像不管怎么选,都不是最佳选项。

选择妻子,便会左右两难;放弃前途,也会终生抱憾。官场里打过滚的过来人,都会劝他识时务,劝他报师恩。然而,他终究不舍那结襟拜首、共约白头的妻子,难以辜负她眼眸之中映出的脉脉深情。那个写出"身无彩凤双飞翼,心有灵犀一点通"的至情至性的男子,终究还是选择了爱情。

遵从内心的选择或许并不是一种罪过,得罪"牛党"却实实在在误了他的前途,甚至背上了骂名。

开成三年(838年)春天,李商隐去长安参加授官考试,准备任职,结果在中书省的复审中被除名。心比天高的他虽已猜到这样的结果,一时却难以坦然。快刀利剑,也比不上人心险恶,他最终成了"牛李党争"的牺牲品,甚至此后一生都没有摆脱这个阴影。

身在泾州的妻子王晏媄温言细语,雁字锦书,给予他无限安慰。他一时感动不已,提笔写下《无题》:"锦长书郑重,眉细恨分明。莫近弹棋局,中心最不平。"佳人难得,通心解语,这是他一生的幸事。

839年,李商隐再赴长安参加授官考试,被授予秘书省校书郎,不久又被调到弘农做县尉。任职期间,他因替死囚减刑而受到上司责难。或是言语侮辱,或是背后构陷,才高气傲的他实在难以忍受,最终请长假以归。

三年以后,他设法重回秘书省,没想到职位("正字")品阶却比三年前("校书郎")还低。原来,此时官场得势的正是"牛党",他直接受到了影响。小官微名,大志难成,不懂如何玩弄权术的他,就一直这样在"牛李党争"的夹缝中艰难生存。此后多年,他辗转各地幕府,漂泊谋生,养家糊口尚不足,更无可能飞黄腾达。

妻子的存在,为他晦暗的仕途生涯增添不少亮色。她为他洗尽铅华,脱下华服,与他相互扶持、携手同心。会昌六年(846年),二十五岁的李商隐喜得麟儿(李衮师),这份喜悦足以冲淡过往的不平。一家和睦,团圆美满,他们在清贫的日子中也品出甜美的滋味来。

如果快乐不被这样打断,他们可以是世俗羡慕的神仙。然而,这样俗世平淡的幸福也只维持了十余年。

大中元年(847年),他因公务赴江西任职,与妻子开始了两地分居的日子。大中三年(849年)九月,李商隐又得到武宁军节度使卢弘止的邀请,前往徐州任职。其间,王晏媄内要操劳烦琐家事,外要担心他吃穿用度,再加上家中贫苦。一介闺中弱柳,操劳过度,终于油尽灯枯。她缠绵病榻,反反复复,最终还是在大中五年(851年)撒手人寰。

此时的他还远在徐州,听到噩耗的时候,像是被抽去了灵魂。他日夜兼程,回到简陋的家里,却再无她倩影翩跹,再无她巧笑嫣然。满目憔悴、精神恍惚的他,在悲痛中写下这样的句子:

> 蔷薇泣幽素,翠带花钱小。
> 娇郎痴若云,抱日西帘晓。
> 枕是龙宫石,割得秋波色。
> 玉簟失柔肤,但见蒙罗碧。

轻轻推开她的房门,绿色的蔓条中,细小的蔷薇沾染了露水。依稀记得,那龙宫石映出她瞳孔的柔波,那玉簟之上是她柔美的肌肤,如今却全蒙上阴影,变成一片惨淡。处处是她的影子,却处处都没有她。

> 忆得前年春,未语含悲辛。
> 归来已不见,锦瑟长于人。
> 今日涧底松,明日山头檗。
> 愁到天地翻,相看不相识。

"锦瑟无端五十弦,一弦一柱思华年。"眼前的锦瑟永存,依然可以奏出清澈琴曲,可她却再也无法触摸了。看着屋里熟悉的物件,天人两隔难再逢的极度悲痛,形单影只无人伴的无限凄凉，顿时席卷而来。

他慢慢地捂住了脸，满脸泪水，痴傻得如同孩子。

后来，他再无激情去追求事业，闭门谢客，在郁郁寡欢中醉意人生。他更无心思情爱，就连色艺双绝的歌伎张懿仙也无法敲开他的心门。后来的后来，他甚至醉心佛学，想出家为僧。

回想过去，他或许会偶尔怀疑，那一场相见，是不是本就是错误？若是他从不曾遇见她，她会有一场细水长流的情事，恩爱白头。而他，也能按照原定的轨迹一步步光耀门楣。若是他不曾得到令狐楚的赏识，他便不会被卷入党争，她便不会因疲累、操劳积病而亡。

然而，世事最无情也最公平的地方，便是没有如果。当初，他为了她，错失了事业的最好时机；如今，他为了事业，最后一面也不得见。到最后，时光倾覆，一切皆休，终究没有两全之法。

此情可待成追忆，只是当时已惘然。857年，四十五岁的李商隐在家乡，留下他生命中的最后一首无题诗，便追随妻子而去。也许生命的最后一刻，他找到了答案。

第四卷

晓岸风吟·宋元

灯影阑珊忆少年：柳永

> 长安古道马迟迟，高柳乱蝉嘶。夕阳鸟外，秋风原上，目断四天垂。
>
> 归云一去无踪迹，何处是前期？狎兴生疏，酒徒萧索，不似少年时。
>
> ——柳永《少年游·长安古道马迟迟》

又是一年清明，杨柳青青，细雨蒙蒙。长安乐游原上出现了一幅奇特的景象：勾栏瓦肆的各大当家花旦纷纷褪去繁复的艳服和装饰，揉去厚重的胭脂和眉黛，不约而同走向同一个地方。她们的身姿依然纷窕，面容仍可倾城，只是那眉目之间的凄然，那沉沉的惦念，只属于一个人——柳永。

这种风俗被称为"吊柳会"，一直持续到宋室南渡。她们的凭吊或许已经追不回什么，她们的祭奠也许不代表什么，但是她们知道只要对他的记忆在，他的魅力就不会老去。后人有诗题柳永墓云：乐游原上妓如云，尽上风流柳七坟。可笑纷纷缙绅辈，怜才不及众红裙。

如今，红颜与天俱老，只有柳永的魅力还在岁月长河里熠熠生光。

984年，柳永出生于今福建武夷山市，也算是官宦世家。父亲柳宜曾在南唐做官，后在宋朝任过县令、工部侍郎。父亲为他取名"三变"，寄予无限期待，希望他像《论语》中的君子一般"望之俨然，即之也温，听其言也厉"。他从小浸润于文学，满腹诗书，少年时期已展露出超凡的才华，待时机成熟便准备进军科场。

咸平五年（1002年），十八岁的柳永进京参加礼部考试，准备由钱塘入杭州，经苏州、游扬州，再成功北上汴梁。照这样的路线顺利走下去，柳永一定会光耀门楣，大展宏图，成为父亲心目中的君子典范。

然而，他算好了开头，却没料到命运的插曲会兜兜转转改变了他的一生。杭州的湖光山色、都市繁华以及风土人情，都让柳永钟情不已，因此滞留杭州。他白日流连市井街头，晚上就沉醉于勾栏瓦舍，一片旖旎风光。

彼时的柳永，还未经历岁月的颠簸，还未尝尽人生的辛酸，恨不得将才情尽数倾洒在这个令人迷醉的地方。胸中有墨，不得不发，他的一阕《望海潮》写尽杭州城的繁华与富饶，写尽杭州人的浪漫与潇洒，写尽杭州景的灵动与绚烂。

东南形胜，三吴都会，钱塘自古繁华。烟柳画桥，风帘翠幕，参差十万家。云树绕堤沙，怒涛卷霜雪，天堑无涯。市列珠玑，户盈罗绮，竞豪奢。

重湖叠巘清嘉，有三秋桂子，十里荷花。羌管弄晴，菱歌泛夜，嬉嬉钓叟莲娃。千骑拥高牙。乘醉听箫鼓，吟赏烟霞。异日图将好景，归去凤池夸。

——柳永《望海潮》

柳永的词名就此打响，传遍丰饶富庶的江南，传遍倚红偎翠的曲坊酒楼。他也因此成为歌姬们奉为圭臬的填词人，谁唱了他的词，便是爆红的代名词。是以，他暂忘了考取功名，选择了诗和远方。

一路上，历经苏、杭、扬三地，小桥流水潺潺，春风十里盈盈。就这样，他一路赏花看景，一路追忆旧游，一路填词写诗，醉倒在了江南烟雨里，一醉就是六年。

六年光阴，承载的是他年少时最美好的邂逅与温柔，是他最饱满的才气与激情。1008年，二十四岁的柳永终于到达帝都汴梁，他的名气和韵事也一路向北，成为文人之间茶余饭后的谈资。

对于科举考试，工于辞章、声名在外的柳永是颇有自信的。考试之前，自信满满的柳永曾去拜访宰相晏殊，晏殊对他的词却不屑一顾，认为"针线闲拈伴伊坐"这样的句子浮靡浅俗，局限于花间柳巷，难登大雅之堂。

果然，春闱之时，真宗看到柳永的卷子时，愤怒地说："读非圣之书，及属辞浮靡者，皆严遣之。"已被扣上了肤浅俗艳的帽子的柳永，恰好在抵制之列，初试便落选了。

若说他有什么错，不过是依了性情，吐了真言，替苦命的歌女多写几首词，帮她们打响名声，添一份安身立命之能。落榜的柳永满腔愤慨与牢骚，大笔一挥，把《鹤冲天·黄金榜上》写就：

> 黄金榜上，偶失龙头望。明代暂遗贤，如何向。未遂风云便，争不恣狂荡。何须论得丧？才子词人，自是白衣卿相。
> 烟花巷陌，依约丹青屏障。幸有意中人，堪寻访。且恁偎红倚翠，风流事，平生畅。青春都一饷。忍把浮名，换了浅斟低唱！

黄金榜上他暂时无缘留名，烟花巷陌却处处是他的主场。笔酣墨停，他依然是那个文采飞扬的柳七。

然而，这一次他肆意飞扬的辞藻，没有助他踏上仕途，反而进一步把他打入了深渊。后来的一次科考，柳永名列前茅，发榜之际，宋仁宗看到柳永的名字，再联想到他目中无人的《鹤冲天》，御笔一批："且去浅斟低唱，何要浮名？"毫无意外，他又一次名落孙山。

命运的转折毫无征兆，那时的柳永依然年轻，他恃才傲物、性直情真，竟不曾为自己辩驳，也无从辩驳。仕途梦远路杳，虚幻缥缈，他能抓得住的不过是心中的情和手中的笔，便领了"奉旨填词"的圣意一路南下，以词为生。

从此后，歌楼舞女成为他的知音，他亦成为她们的贵人。他为她们歌尽喜怒哀乐，写尽悲欢离合，让她们在悲惨的岁月中也能开出最绚烂的花朵。

    执手相看泪眼，竟无语凝噎。
    念去去，千里烟波，暮霭沉沉楚天阔。
    空为般思忆，争如归去睹倾城。
    衣带渐宽终不悔，为伊消得人憔悴。
    ……

这或许是她们的故事，也可能就是自己的故事，此时已不须计较。他们的命运早已紧紧相连，柳永的文字经过她们的传唱，飘在烟雨江南，落在西北塞外，传到湘江洲头。故而，"凡有井水处，皆能歌柳词"所言非虚。

他笔下的句子像泉水一般流淌，他的寂寞也像烟花一般在蔓延。流连于花间蝶丛，日日沉醉，词坛上风光无限，可在午夜梦回，柳永依然会因为没有取得功名而深感遗憾。

景祐元年（1034年），宋仁宗亲政，特开恩科，对历届科场沉沦之士的录取放宽尺度，柳永由鄂州赶赴京师，终于考上了进士。喜悦的心情还未及收拾，年岁的痕迹已再次爬满额头。昔日的少年郎，如今已到天命之年。

天意不怜，初心仍在，他在小小的职位上依然恪尽职守，全心为民。然而，多年的奔波流转，消磨了他的抱负与激情，他的仕宦之路终究难进一步，不过是闲官散职，最终也只是有名无实的屯田员外郎。

多情的人总喜欢回忆,当他垂垂老矣,他也不可免俗地开启了追念从前的大门。曾记否,他是翩翩少年,骑马倚斜桥,满楼红袖招;曾记否,他曾山水云游,好花簪满头,诗酒留人醉。然而,此时的他:

> 归云一去无踪迹,何处是前期?狎兴生疏,酒徒萧索,不似少年时。
>
> ——柳永《少年游·长安古道马迟迟》

有人说他在追忆那段浪漫的红尘岁月,有人说他在怀念昔日放荡不羁的性情,也有人说他是在叹息自己看似辉煌却蹉跎的一生。

1053年,柳永在润州悄然离世,关于他的传奇就此谢幕。

几十年后,南宋叶梦得在《避暑录话》曾试图解释过柳永终生不遇的原因:"永亦善他文辞,而偶先以是得名,始悔为己累,……而终不能救。择术不可不慎。"他并非不擅长其他文辞,只是被声名所累,被早早盖棺定论,再回首已是晚矣。

如今,真相已湮灭不闻,也无须追问。他曾留给我们最绚烂的年华,他曾写出我们倾注一生也无法吐露的真情,他曾创造了一个文人专职作词的神话,他曾引发一段万艳同悲的传奇。

在很多人的回忆里,他始终璀璨如少年。

人生自是有情痴：晏几道

> 彩袖殷勤捧玉钟，当年拚却醉颜红。
> 舞低杨柳楼心月，歌尽桃花扇底风。
> 从别后，忆相逢，几回魂梦与君同。
> 今宵剩把银釭照，犹恐相逢是梦中。
>
> ——晏几道《鹧鸪天》

读这首词的时候，是在寂静无人的深夜，眼前隐约浮现晏小山孤傲萧瑟的身影。除却官至宰相的父亲，除却身边环绕的红颜，他的人生似乎乏善可陈。他留下的情诗很多，却都是为他人而写；他留下的情事很多，兜兜转转却都成了过客。

晏几道曾这样评价自己的一生："篇中所记悲欢离合之事，如幻、如电、如昨梦前尘，但能掩卷怃然，感光阴之易迁，叹境缘之无实也。"（《小山词》自序）从贵胄公子到半生潦倒，喜怒哀乐历遍，酸甜苦辣尝尽，也不过是醉梦一场，无人诉衷肠。

有多少人艳羡他的出身,口含金匙,身傍彩衣。父亲晏殊是真宗与仁宗两朝元老,官居相位,文采超群,是当时著名的词人。他是父亲的老来子,聪颖过人,诗文俱佳,自有年少轻狂的资本。

处在富贵乡、锦绣丛、脂粉堆的那段时光,实在是晏几道人生的高光时刻。他与同朝贵公子诗酒京华、跌宕歌词。骑马时的他们俊逸潇洒,赢取多少姑娘回头;斜倚栏杆时又生几分魅惑,猎取惊呼一片;酒中醉意未散,执笔便成诗篇,那份雅致清幽于公子们自是浑然。

夜楼欢宴声四起,清歌一片掷千金。莲、鸿、苹、云几个姑娘更是将他的诗词演绎得淋漓尽致,"舞低杨柳楼心月,歌尽桃花扇底风""落花人独立,微雨燕双飞"。她们如同春天里初绽的花朵,环绕在他的周围。那些肆意放纵的笑,那些随手挥洒的情,交错成梦幻岁月里最缠绵悱恻的片段。

如果生活赐予他悠游自在,他便有肆意放纵的资本。父亲赋予他高不可攀的尊贵地位,六个兄长让他有了无忧无虑的生活空间。无须去计较柴米油盐,只看遍雪月风花。他是多么幸运的男子,拥有这段斑斓的岁月。

谁不曾历经繁华,便无权诉说孤独的心事。仁宗至和二年(1055年)晏殊去世以后,他的人生便走上了滑坡路,春风得意的生活戛然而止。

尽管,朝廷给晏殊最高的礼遇,追封他"三公",并赐谥号"元献",尽管晏几道受到了恩荫,被授予太常寺太祝的职位。但是,这种恩荫恰恰也成了他的阻碍,要么只能八品以下的低等官职庸碌一生，要么就要挤破头去争取进士及第。

这些，对于逍遥自在、锦衣玉食习惯了的他，简直难于登天。有人说他不安于世，荒废大好光阴；有人道他身无长物，不懂人间疾苦。他只是想自由自在地活着，活出自己的模样，只是他并不明了，那些璀璨过往是亲人兄长给他撑起的。

以前父亲健在，他便是贵胄公子，富贵荣华；失去父亲的光环，他不过是潦倒少年，成为家中的累赘。而晏殊去世以后，家境每况愈下，他不得不寄人篱下，由二哥的妻子张氏"养毓调护"。

如今，风花雪月已成往事。命中的红颜知己从此成了匆匆过客，被万千琐事掩埋，那些裹挟柔软香艳的点滴都成为幻梦泡影，一吹即散。他在梦里低吟，"伤易别，恨欢迟。惜无红锦为裁诗。行人莫便销魂去，汉渚星桥尚有期"。他在醉时叹息，"欲把相思说似谁，浅情人不知"。

本想，就这样诗酒年华、随波逐流一生。却不料祸不单行，晏几道家境衰落时，还卷入了政治斗争中。

1074年，当时的王安石变法正如火如荼，朋友郑侠因反对王安石变法被治罪，晏几道也因此受了牵连。与郑侠正常的诗词酬唱之时，他曾写过一首《与郑介夫》："小白长红又满枝，筑球场外独支颐。春风自是人间客，主张繁华得几时？"因此，晏几道被诬为"讽刺新政，反对改革"，锒铛入狱。后因得宋神宗欣赏，才得以释放。

失去了晏殊这个家中顶梁，晏家已是每况愈下，晏几道的牢狱之灾，更是让他们家财散尽。晏几道从一个书生意气的公子，沦落为潦倒落魄的白衣。曾经多少繁华、意气风发，如今便会有多少凄凉、风雨交加。

他也曾为了改变现状去努力过，只是努力的结果更让心伤。元丰年间，他被任命监颍昌许田镇，当时的颍昌知府韩维是他父亲的弟子，他满腹热情将自己的新作呈上，希望能得到重用，却只得了"才有余，德不足"的评价。

曾经人前的虚言谄媚，现在即便不是退避三舍、形同陌路，便是如此的冠冕堂皇的训斥与教导。他不是铁血心肠，自然看得到人情冷暖，自然听得懂那些画外音。

然而，锦衣玉食的生活滋生了他的傲骨，即便是家道中落他也断然不肯低下头颅。自来流连诗酒，他已失去了经营科举的干劲儿；从来是他人仰望尊崇，他自然学不会趋炎附势的本事。什么人情世故，什么雄心壮志，什么家国天下，与他中间隔了一层水雾，他看不穿，也达不到，算了吧。

"算了"，多么轻描淡写两个字，于他却是天翻地覆。他可以挥一挥衣袖，向雕梁画栋、车马轻裘告别，然而醉花眠柳、诗酒添香的岁月却难以割舍。此后的日子，便浊酒轻吟，悠悠而过吧。

于是，他彻底告别了官场，只和黄庭坚、王肱等几位词友以写诗填词为乐，将曾经的繁华，全都化作幻梦，写入词中。元丰二三年间，他们相聚京城时，常常推杯换盏、诗词相和，醉了就倒在酒家垆边，醒着就同榻秉烛夜谈。

大观元年（1107年），宰相蔡京权势正盛，曾经两次登门，请他作词来歌咏盛世，描写太平。只是，此时的晏几道已经不愿作违心之语，不愿趋炎附势，既不要为他人作嫁衣，也不要成为别人的工具。他写的《鹧鸪天》两首，内容只限歌咏太平，却对蔡京的功过一句不提，一朝宰相也只能无可奈何，一笑而过。

1110年，七十三岁的晏小山安然辞世，案上的篆香还未燃尽，床前的珠帘在风中飒飒作响，那些惊艳他岁月的姑娘，那些温暖他人生的知己，早已散落天涯。他留下的那部《小山词》流传于世，从记录的那些片段与瞬间，依然闻得到他笔底文字的缓缓流香：

> 记得小蘋初见，两重心字罗衣。琵琶弦上说相思。当时明月在，曾照彩云归。
> ——晏几道《临江仙》

> 云渺渺，水茫茫。征人归路许多长。相思本是无凭语，莫向花笺费泪行。
> ——晏几道《鹧鸪天》

多年以后，清代陈廷焯《白雨斋词话》中这样评价他："北宋晏小山工于言情，出元献（晏殊）、文忠（欧阳修）之右……措辞婉妙，一时独步。"

繁华历过，寂寞走过，不解释，不涂改，他只是要活得像自己。他挥洒性情，他肆意人生，他是宋代词坛独特的烟火。

侠骨柔情草木香：贺铸

> 重过阊门万事非，同来何事不同归。
> 梧桐半死清霜后，头白鸳鸯失伴飞。
> 原上草，露初晞。旧栖新垄两依依。
> 空床卧听南窗雨，谁复挑灯夜补衣？
> ——贺铸《鹧鸪天》

纪伯伦曾说过："一个人有两个我，一个在黑暗中醒着，一个在光明中睡着。"宋人程俱在《贺方回诗集序》中描述的贺铸也有两个我：一个是面色如铁的剑客豪侠，仗剑而行，"少时侠气盖一座，驰马走狗，饮酒如长鲸"；一个是柔思绵渺的文弱书生，笔下传情，"雍容妙丽，极幽闲思怨之情"。

读他的文字，常常陷入一种极致的想象之中：跟一个他浪迹天涯、四海为家，跟另一个他流连诗酒、吟赏烟霞。

北宋皇祐四年（1052年），贺铸出生在一个世代担任武职的军人家庭，他是唐代诗人贺知章的后人，是宋代孝惠皇后之族孙。《宋史》里描述他"身高七尺，面色铁青，眉目耸拔，其貌不扬"，人称"贺鬼头"，这似乎与他担任武职的身份更为契合。

他少年时就怀有戍边卫国、建立军功的豪情壮志，像他在《子规行》里所言那般"金印锦衣耀闾里"。若无意外，他的确能够通过世袭的官职实现理想抱负，能够一展少年侠气豪情。

贺铸从十七岁起任朝廷武职，为人极为耿直。他在太原任职时，与另一个贵族子弟为同事，此人骄纵傲慢，目中无人，贺铸早就想整治他一番。后来经过察访，了解他偷盗公物的事实，贺铸便把仆役和公差们屏退，把贵族子弟关在密室里厉声责问事情来龙去脉。贵族子弟惊恐失色，以头抢地。贺铸表示自己要亲自责罚，贵族子弟便袒露皮肤，叩头哀求。贺铸一战成名，那些倚仗权势的权贵，从此再也不敢目中无人，见了他更是绕道而行。

此外，贺铸还喜欢议论当朝大事，批评人毫不不留情面，人们把他视为仗义执言的侠客。他身在官场，却从未把控过主场。因为官场是需要经营的艺术的，而他只有一副直肠子，"面刺人过，遇贵势不肯为从谀"，"虽贵要权倾一时，小不中意，极口诋之无遗辞"。他不喜欢被诋毁，而其他人也不会喜欢被怼。

日子久了，他得到的注定不会是拥戴，不会是支撑。

人生在世，不是我们左右命运，而是命运选择我们。他生在重文轻武的宋代，空有睥睨万物的孤傲和壮志，是不足以谈人生的。他的性格注定其官场之路是走不顺的，是走不远的。

此后的二十多年里，贺铸一直担任着右班殿直、监临城酒税、徐州宝丰监钱官、和州管界巡检等无关紧要的低级武职，少年侠气豪情在一次又一次的颠簸流转中消磨殆尽。

> 少年侠气，交结五都雄。肝胆洞，毛发耸。立谈中，死生同。一诺千金重。推翘勇，矜豪纵。轻盖拥，联飞鞚，斗城东。轰饮酒垆，春色浮寒瓮，吸海垂虹。闲呼鹰嗾犬，白羽摘雕弓，狡穴俄空。乐匆匆。
>
> 似黄粱梦，辞丹凤；明月共，漾孤篷。官冗从，怀倥偬；落尘笼，簿书丛。鹖弁如云众，供粗用，忽奇功。笳鼓动，渔阳弄，思悲翁。不请长缨，系取天骄种，剑吼西风。恨登山临水，手寄七弦桐，目送归鸿。

——贺铸《六州歌头·少年侠气》

少年豪侠，意气纵横，可肆意谈笑，可一诺千金，酒入胸怀，便可叱咤于江湖。然而，这是理想的梦。现实中的他，不能杀敌疆场，只能劳碌于文书案牍，无路请缨，只能怅然登临，黯然飘零。龙榆生评说此词："全阕声情激壮，

读之觉方回整个性格，跃然于楮墨间；即以稼轩拟之，似犹逊其豪爽？"（《论贺方回词质胡适之先生》）

"三年官局冷如冰，炙手权门我未能。"是的，他不喜欢这样生活，他不愿意攀援权贵，不愿纡尊降贵，更不愿自己洁白的内心被污浊沾染，所以始终沉沦下僚，看不到什么希望。后来的他，经李清臣、苏轼举荐，终于在四十岁时改任文官，为承事郎，监北岳庙。

如果这就是贺铸的全部面目，他在人才辈出的宋史上只怕会淹没无闻。真正让他名留青史的，还要数他的在文学上的成就。人到中年的贺铸，诗词之名渐盛，与苏轼、秦观、黄庭坚等文坛人物频繁交往，他那些温柔缱绻的岁月才慢慢被人提及。

一路走来，他左手执剑，右手的笔也一直紧握，写他最深的情，写他最浓的愁。

贺铸和妻子赵氏是年少夫妻，他们的日子虽不斑斓多姿，却也平实无华。赵氏本是官家千金，嫁给他以后，粗茶淡饭，布衣为裙，她也未曾怨言。由于贺铸俸禄太低，她常常亲自干粗活，"壮妻兼织舂"。酷暑难耐，她一针一线缝入自己的体贴与温柔。寒冬冰雪，有棉衣在身，至少能替他抵御几丝寒意。

庚伏厌蒸暑，细君弄针缕。乌绨百结裘，茹茧加弥补。
劳问汝何为，经营特先期。妇工乃我职，一日安敢堕。

> 尝闻古俚语，君子毋见嗤。瘦女将有行，始求燃艾医。
> 须衣待僵冻，何异斯人痴。蕉葛此时好，冰霜非所宜。
>
> ——贺铸《问内》

贺铸的政途并不平顺，常有郁郁不得志的日子。他们已不复昔日镶金镂玉、雕梁画栋的生活，甚至时常到了需要借贷度日的地步："日俸才百钱，盐齑犹不供……出门欲贷乞，羞汗难为容。"幸有赵氏一路扶持，他们才能相濡以沫看淡一路泥泞污浊。

然而，相濡以沫的日子，最后也成了奢侈。赵氏在日子渐渐平稳，寓居苏州的时候，猝然离去。多年后贺铸重回苏州，看到熟悉的阊门旧景，回忆汹涌而来，却已物是人非。他不禁悲从中来，吟出这阕《鹧鸪天》：

> 重过阊门万事非，同来何事不同归。梧桐半死清霜后，头白鸳鸯失伴飞。
>
> 原上草，露初晞。旧栖新垄两依依。空床卧听南窗雨，谁复挑灯夜补衣？

初读《鹧鸪天》，只词牌就牵人心，凄凉萧瑟，闻之断肠。"春游鸡鹿塞，家在鹧鸪天。""南国多情多艳词，鹧鸪清怨绕梁飞。""舞夜闻横笛，可堪吹鹧鸪？"仿佛是绕梁不绝的低沉哀鸣，又宛若笛声幽咽奏出的一曲清音。

后院的草木已扶疏，掩盖了昔日的辗转流年。清霜落尽时,那棵茂盛的梧桐,好似失了魂魄,斜斜倚倚再无当日的神采。就如同半生半死的贺铸。人们常说,展翅双飞,可失了伴的鸳鸯,如何挥得动那满载着相思与悼念的翅膀?

古乐府《薤露》云:"薤上露,何易晞,露晞明朝更复落,人死一去何时归?"可见人生无常,幸福短暂。如今回想那段日子,赵氏把自己的爱意一针一线缝进了衣衫之中,一针血,一针泪,时时都能感受到她手指的温度。

在这如此静寂的夜,在缠绵的雨声中,昔日的一切越发显得短暂如烟。可以想象贺铸写这句时的神情呆滞,思念瞬间侵入骨髓。

据说,赵氏去世以后,贺铸也曾有过对女子心动的故事,否则哪来那么多读起来口齿香甜的句子:

> 谁共登楼。分取烟波一段愁。
> 暮雨不来春又去,花满地,月朦胧。
> 水阔山长分不尽。一断音尘。泪眼花前只见春。
> ……

甚至,有人猜测着他与苏州佳人的邂逅与分离。那时,他在窗前遥望,目送她缓缓归去,只留下怅然若失的相思。再次走过横塘水畔时,他多么渴望能够重遇佳人,希望将这满怀的情思,都说与她听:

> 凌波不过横塘路，但目送、芳尘去。锦瑟华年谁与度？月桥花院，琐窗朱户，只有春知处。
>
> 飞云冉冉蘅皋暮，彩笔新题断肠句。试问闲愁都几许？一川烟草，满城飞絮，梅子黄时雨。
>
> ——贺铸《青玉案》

他把内心的愁绪全部都铺开，扑面而来，无时无刻，无处不在，他也因此得了个"贺梅子"的雅号，并吸引了数位宋、金词人进行唱和和仿效，作品多达二十八首，这样的记录无人能敌。

日渐老去的贺铸，依然不甚平顺，流转奔波，便"袖手低回避少年"。最后决定定居苏州，在家藏书万余卷，手自校雠书籍，以此终老。

他的一些故事是真是假，已经无须去求证，只要那些婉转细腻缱绻的句子里藏着的心，是真挚的，是温柔的。我们也曾为他一生郁郁不得志，沉沦下潦而惋惜，但始终感恩，他笔下流淌的一泓清泉，至今时时回响。

临风一叹卷珠帘：卢挚

才欢悦，早间别，
痛煞煞好难割舍。
画船儿载将春去也，
空留下半江明月。

——卢挚【双调】《寿阳曲·别珠帘秀》

也曾风流帐里转秋波，也曾翰林院里写经册。年少轻狂过，仕途怅惘过，看过繁华流觞，也历经红尘失望。爱情与仕途，卢挚都曾拥有过。

但命运似乎是轻描淡写地开了个玩笑，让他郁郁于怀，终不能歇。

1242年，卢挚出生那一年，忽必烈开始主政，蒙古军队一开始远征德意志。宋室犹在，只是他生活的地方已不姓赵。他虽为汉人，却自出生之日便生活在元朝统治之下的河北。一开始,他所接受的便是蒙古的铁腕手段,所面临的也是文不受恩的形势。

如果他被时代遗弃,如果他被乱世淹没,也是一件自然而然的事。偏偏他走的路比别人容易一些。

卢挚的父亲卢顺曾担任中书省架阁库的管勾之职,涉及朝廷章程及各种典籍,地位尊崇,得见天颜。得了父亲的庇护,卢挚弱冠之年便得了诸生身份,进阶为元世祖忽必烈的侍从之臣。从此富贵恩荣,不在话下。

不管怎么说,能在别人头悬梁、锥刺股的年龄进入仕途,卢挚已经赢在了起跑线。不过一两年,卢挚在侍从之位就崭露头角,荣登进士榜单前列。不久,他又当上了翰林院集贤学士。鲜衣怒马、快意江湖的自豪,任笑容攀爬至眼角眉梢。恰如他在曲中所写:

> 脱布衣,披罗绶,跳龙门独占鳌头。今日男儿得志秋,会受用宫花御酒。
>
> ——【双调】《沉醉东风·举子》

在元代,翰林院集贤学士的职位仅次于大学士,除了专门负责撰写经史子集,还要负责起草诏令、传达诰命,相当于皇帝的机要秘书和智囊,又好像是皇帝的新闻发言人。这个职位极有可能会出一两个宰相,被升为一、二品的大员更是常事。

从初登仕途,到官位显达,不过短短几年,卢挚的风头一时无两。已过弱冠之年的卢挚虽然天真，但还不至于愚蠢。他清楚地知道自己所处的位置，看似风光无限，实则如履薄冰。

众所周知，元朝统治者是蒙古人，他们虽然占据了中原，却不愿意入乡随俗。他们固执地坚持着自己的铁腕手段，无法被汉化，因此朝堂之中起草诏令的翰林既要有汉族翰林学士，又要有蒙古翰林学士。而卢挚，便是其中一个汉族学士。

卢挚虽为翰林学士，接近权力顶层，然而在蒙古人眼中，他只不过是一个地位低微、没有实权的汉人而已。所谓的"得志"，最后只能失志。卢挚对自己失意的处境无计可施，竟去参透了人生了。

> 想人生七十犹稀，百岁光阴，先过了三十。七十年间，十岁顽童，十载尪羸。五十岁除分昼黑，刚分得一半儿白日。风雨相催，兔走乌飞。子细沉吟，都不如快活了便宜。
>
> ——【双调】《蟾宫曲·碧波中范蠡》

人生安排得明明白白，不恋世，不怨世，只痛痛快快地活这一遭。他虽身为显宦，却不留恋富贵，淡泊放逸，这种倒计时的算法，也是妥妥的鸡汤了。但是仔细品尝，却无处不是苦涩。

卢挚以进士的身份进入朝堂，本应施展才能，大展宏图。可是身处庙堂之高，却无力改变这世道，如大鹏被缚住双翅，无计可施。

元成宗大德年间（1297—1307年），卢挚被贬谪湖南任岭北湖南道肃政廉访使。一路水行，风微浪急，扁舟颠颠簸簸，亲人已作万里别，心中愁闷暗生，从自身又想到屈原，感慨道："湘水寻春，泽国纫兰，汀州搴若，谁为招魂？""世态纷纷，千古长沙，几度词臣。"

世态纷纷，枯木残云，他与屈原共怜，一腔真情热血只能抛洒在这江水之中。此后，卢挚在江南待了数年，一路感风咏物，前前后后写下了十余首怀古曲子。兜兜转转到了武昌，他虽还是翰林学士之身，却早已失去实职，终日只能闲云野鹤般晃悠。

花开花落有时，云卷云舒有时。卢挚历经翰林学士到贬谪之变，已经看穿官场风云，不再执着于官场得失，不再妄想着天恩重赐，不如寄情山水，"快活了便宜"。

当懂得欣赏眼前的一草一木，那一草一木便都有了意义。只是每次想起她，他悠闲自在的心还是不可避免地空了一角。

那时，他还是风流潇洒的翰林学士，风头正盛。初识珠帘秀，她是梨园里的招牌，身材窈窕，风流俊俏，多少韵味在眼角眉梢。戏台上的她唱念做打，一举手一投足，足以暗淡周围一切的事物。她虽出身不高，却知书达理，气质如闲云般自在从容。

当时的"浪子班头"关汉卿曾盛赞过她"凌波殿前,碧玲珑掩映湘妃面,没福怎能够见。十里扬州风物妍,出落着神仙"。卢挚慕名而去,侧坐一旁,凝神听曲。

未承想,初相识,便相恋。她的容颜如花似玉,她的演唱如珠如泉,处处皆好。她的眼波流转间,是他的魂牵梦萦;她的莲步轻移处,便是他的挂肚牵肠。一来二去,他对她的牵念竟愈来愈浓,昼夜不停,眼里心里,都是心上人。

然而,卢挚身处庙堂之高,不能耽于风花雪月,珠帘秀也未脱风月,依然要时时演出。当离别不经意地袭来,卢挚这才发现自己已经身陷其中不能自拔了。

才欢悦,早间别,痛煞煞好难割舍。画船儿载将春去也,空留下半江明月。

——【双调】《寿阳曲·别珠帘秀》

言语情切切,写不下相思一些些。年华正好,情意堪浓,刚刚聚首,却不得不分离。卢挚心痛难忍,只觉得眼前载着珠帘秀的画船将春色也带走了,花儿失色,云也无着,只有这半江明月,将彼此的心儿照亮。

幸运的是,这出感情不是一出独角戏,珠帘秀读着字字真情的曲子,心一遍遍颤抖,她激动地将这笺信纸捂在胸口,又摊平新纸,研好乌墨,一字字将心事写下。

山无数,烟万缕,憔悴煞玉堂人物。倚蓬窗一

身儿活受苦,恨不得随大江东去。

——珠帘秀【双调】《寿阳曲·答卢疏斋》

一叠素影,靠着窗儿凝望远方,看山峦叠叠重重,看烟霭袅袅绕绕,依稀氤氲一个堂堂如玉的才子。那是她曾不敢痴念的男儿,如今却袒露出对自己的牵念,那个洋溢着温暖的男子,竟心系于己。

她闭紧双眼,攥紧了自己的衣角,这漂泊苦难的日子里,受的多少苦,皆因卢挚的一支曲子变淡了,变轻了,唯有对他的思念愈来愈重。他愿伴清风明月,她也愿化江水,流至他的心头。

一来一往,你思我想,这样的爱情,应该是得到幸福的。世人亦都期待他们久别后的重逢,朝朝暮暮。只可惜,卢挚被身份与前途所束缚,珠帘秀身困于戏园,自卑自叹,两人都没有跨出那一步,此前的九十九步也全都一一作废。

终究,他们的牵挂与思念皆化成了江水,一去不回,更遑论相伴相依。

许多年后,卢挚已在人生浮浮沉沉,乡间拾趣,听说珠帘秀也冠了夫姓,成为修道士洪舟谷的妻子,隐居江南。那些怅惘在苍白空洞的内心隐隐作痛,却还是愿意为她觅得归宿遥送祝福。

有缘的人需要珍惜,无分的人也无须执着。浮生多少年,此时的他已经不再需要计较。爱恨得失,不过是水中浮萍,日月幻鸟,不过是在沧海里叹息,红尘白发,都付了流年。

此时的卢挚,看瓜秧延伸着身子,桑麻吸取着甘霖,野花荡漾着微香,胡柳在风中沉睡,仰着头饮下浊酒,让曲子飘散在风中:

> 拂尘土麻绦布袍,助江山酒圣诗豪。乾坤水上萍,日月笼中鸟,叹浮生几回年少。破屋春深雪未消,白发催人易老。
>
> ——【双调】《沉醉东风·秋景》

卢挚前半生在仕途中沉浮,后半生在山水间徜徉,写的一支支曲子透尽人生芬芳。贯云石评其曲"媚妩,如仙女寻春,自然笑傲"(《阳春白雪序》)。笑傲苦乐,方能作别苦乐。这样通透的卢挚,这样了悟的卢挚,在那个见不得人的世道里,方能越走越远吧!

一半因花一半酒：徐再思

> 平生不会相思，才会相思，便害相思。身似浮云，心如飞絮，气若游丝。
>
> 空一缕余香在此，盼千金游子何之。证候来时，正是何时？灯半昏时，月半明时。
>
> ——徐再思【双调】《蟾宫曲·春情》

如果命运给了你一副烂牌，你会怎么选择？是拼拼凑凑垂死挣扎？还是破罐破摔束手就擒？抑或是怨天尤人自断前路？

人，真是奇怪的动物，总会设计出许许多多奇怪的问题，为难别人，也为难自己。而有的人并不把这当成是难题，反而是优哉游哉地顺着该走的路，俯拾一半落花，仰收半罐雨水，用自己的心意酿成一杯浓浓的甜酒，缓缓流香。

这个人就是被称为"甜斋"的徐再思。

他出生在我们都不甚留意的元代,不复大唐的繁花似锦,没有魏晋的清风修竹,甚至连宋代的儒雅书香也慢慢被人们遗忘了。好在他的家乡浙江嘉兴还保留着如诗如画的风格,山水轻柔,草木绵软,风中拂柳,江上凉月,催生出多少义人佳士。

　　在那样的好山好水好地方,徐再思自然而然地拥有了好的习惯,他为人聪敏秀丽、勤学好读,擅长文辞历史,少年时便称得上一方俊才,为人称道。

　　历史上,野史里,即便是他自己的诗文里,似乎一星半点儿也没有提过他的相貌,但他应该是温润的,是和善的。那时,他悠然地走在乡间的小路,朦胧中山已邈远,水也清扬,在草木掩映之中,他柔和的目光一点点清晰。

　　有这样的猜测,并非杜撰。据说爱吃甜食的人,总是容易满足,容易沉浸在幻想里。钟嗣成《录鬼簿》记载,他"好食甘饴,号甜斋",因为喜欢吃甜食连自己的号也都沾上了甜意,这样的行为真是任性,又显得尤其可爱。

　　他的生平事迹也都已经湮没在历史中,只知道他和郑光祖一样,做过路吏小官,辗转在平民与官场之间。但是,我想一个爱吃甜食的男人,即便是做官,也是一个温润待民的小官。

　　品着丝丝甜味,看着蒙蒙烟雨,他也许就是在这样的江南,遇见了那个丁香一样的姑娘。"髻拥春云松玉钗,眉淡秋山羞镜台。"袅袅细腰,款款纤步,一相逢便胜却人间无数。

他的散曲中，还有不少写女子闺情的诗句，有的形容大胆，通俗直白："旋成一点春，添上十分态，有千金俏人儿谁共买。""这别离，一半儿因咱一半儿你。"有的含蓄委婉，意味深长："粉暖蜂蝶翅，春深鸾凤情，香收燕莺声，都不管梨花梦冷。""东风一树玉胭脂，双燕子。曾见正开时。"

当然，到底有没有这样一个姑娘，我们已无从得知，却不吝于为他做出这样的猜测。因为如果不曾见过男女情，怎写得出这些许相思情意？

然而，又要有人诟病这样的男子形象，少了气质，缺了风采，显得过于纤细文弱的。一个爱吃甜食的男子整天写情写爱，定不会有什么出息。

好像说得出的相思都会被人笑作痴，可徐再思却不甚在意，他不但要写，还要写出每一种相思的样子，把那份病态愁容，倾泻出来。

> 平生不会相思，才会相思，便害相思。身似浮云，心如飞絮，气若游丝。
> 空一缕余香在此，盼千金游子何之。证候来时，正是何时？灯半昏时，月半明时。
> ——【双调】《蟾宫曲·春情》

豆蔻年华，情窦初开，才解相思苦味，便相思成病。身如浮云，飘忽不定，心如柳絮，随风游走，相思所留存的一丝气息，似有若无，苦苦挣扎着。

这三个比喻，把少女相思成疾的神情与心态刻画得入木三分。即便只是剩下这一缕余香，心心念念的依然是心仪的游子。这相思病似乎是个无解的结，越想越痛。

最难忍的正是灯火阑珊处，月色半昏半暗时。无人与我立黄昏，无人与我共明月，唯有相思。这样体情女子的词句，向来是不乏拥趸之人的。再读下去，也许便不再想笑她的痴，而是会跟着她一起疼痛。

或许，有人在被他的文字折服的同时，再不屑地哂笑一声："整天只会写这些风花雪月，定难成气候，难有出息！"

实际上，这个让许多女子甘拜下风的甜食男，确实被人们误读了。他写过许许多多儿女相思，历史却并未给予他一段可供谈资的风流韵事。或许有过，但终究不曾留下。他并非困囿于方寸之地、走不出舒适区的小男人，也曾为了自己的前途奔波不已。

据他作品中"枕上十年事，江南二老忧""十年不到湖山，齐楚秦燕，皓首苍颜"等的记载，他曾在外漂泊达十年之久。如无一定的毅力和决心，哪一个人愿意走出舒适区，更何况外面早已变了模样，不是文人的天下了。可徐再思努力过，哪怕他的足迹并未远离江浙地区，但至少他浏览过外面的太阳，啜饮过山间的清露，他的眼前不是只有头顶那四角的天空。

斜阳老树，杨柳垂丝，烟波画桥。湖面偶有白鸥飞过，伴着浪花朵朵，便消磨一个下午了。有的时候，还可以扮演一下渔翁，"钓桐江江上雪，泛桐江江上月"，只是不钓游鱼，钓的是愉悦之心。

然而，远离故土的日子，终归是苦涩的。没有父母的一句句唠叨，没有粗茶淡饭的温暖，没有水乡里的一点儿涟漪。有的只是瘦影伶仃、四处漂泊的孤寂。

正是梧桐叶落，芭蕉夜雨，也正是愁绪满怀的季节。好梦难留，人难眠，无聊到闲敲棋子落灯花，不知不觉便想起家来。

> 一声梧叶一声秋，一点芭蕉一点愁，三更归梦三更后。落灯花，棋未收，叹新丰孤馆淹留。枕上十年事，江南二老忧，都到心头。
>
> ——【双调】《水仙子·夜雨》

都说思乡思乡，到底思念的还是故乡的亲人！也许父亲正挂着严肃的表情，倚着家门翘首远望，也许母亲正在茶香袅袅中不停地念叨，正用布满老茧的手抚摸着他曾穿过的衣衫……

而他，只能徒留一声叹息。父母已年迈，他却无法奉养，一腔的心事也只能通过笔墨倾诉。羁旅十年的惆怅，仿佛被这夜色拉长，这无尽的思念也愈来愈深。然而，伤心与幽愁过后，还是要向前看，该赏花赏花，该看水看水，只要愿意去看，生活总是美好的。

这个时候的他，能忘却时代给予他无路可走的痛楚，能抛却人们无端施加给他的条条框框，也不再执着于文人破落卑贱入泥的挣扎。这样平和淡然的心态，才是我们真正应该羡慕并学习的。

一直以来，他爱花爱酒，将人间的一切尽收，自有一份充实与温柔。他也愿意相信，家中的父母会为他对生活的热爱而感到欣慰。

> 里湖，外湖，无处是无春处。真山真水真画图，一片玲珑玉。宜酒宜诗，宜晴宜雨。销金锅锦绣窟，老苏，老逋，杨柳堤梅花墓。
>
> ——【中吕】《朝天子·西湖》

很多年以后，他老到写不动了，那股子甜劲儿还是与他如影随形。这种沁到骨子里的随性自然，没有让他走得更远，飞得更高，甚至许多年以后也没有让他名声大噪，他也依然甜着，平衡了生活和喜好，活出自己的一份精致。

如果不能一枝独放，好花齐开也是一种幸福。酸齿软牙，甜香满口，后世曾将他与当时自号"酸斋"的贯云石的散曲作品合为一编，世称《酸甜乐府》，共谱成一曲红尘赞歌。

不管怎么看，怎么念，徐再思对生活充满热情，关照细微的那一番真情意，如同他喜好甜食的脾性，不是炎山却足够光亮。偶然看到一首小诗，如果穿越时光送给他，他可以变得更甜吧。

> 昨夜付一片轻喟,
> 今朝收两朵微笑,
> 付一枝镜花,收一轮水月……
> 我为你记下流水账。

人生难得一出戏：王实甫

> 碧云天，黄花地，西风紧。北雁南飞。晓来谁染霜林醉？总是离人泪。
>
> ——王实甫《崔莺莺待月西厢记》

人们总说，人生如戏，戏如人生。可是又有多少人，能写好自己的这出戏呢？

因为身在苏州的缘故，接触了不少昆曲，与家喻户晓的《牡丹亭》相比，更喜欢《西厢记》。它情节跌宕、唱词细腻，嗓音低回婉转，画面柔情万种，更重要的是让人在故事中得到救赎，看到了希望。

慢慢了解这个故事的前因后果，才知道王实甫在人生中的那一出代表戏剧，努力改变了故事主人公的命运，也悄悄改变了自己的命运。

王实甫大约在1260年出生在元朝大都（今北京市）一个

官宦世家。他的伯父王逖魁曾在金末年间聚集乡党，相继起兵，随后统占中山（今河北定州市）。父亲王逖勤曾随成吉思汗西征，策马驰骋，挽弓骑射，立下过战功。"赠通议大夫、礼部尚书、太原郡侯。"

他的母亲是外族女人阿鲁浑氏，浑身充满了异域风情，他是家里的第二个儿子。由于他的外族血统，他在元代的地位远远高于关汉卿、马致远等人，不用吃尽白眼欺压，不用坎坷求生，就连读书做官也比别人赢在了起跑线上。

当时统治者慢慢认识到汉人与汉文化对统治百姓的重要作用，因此很多王公大臣、官宦子弟都学习汉文化，王实甫也是这茫茫人海中的一员，他的诗词文章出类拔萃，这为他的入仕增加了不少能量值。按照正常的命运曲线，王实甫应该是纵横茫茫草原，享尽富贵尊荣。

事实上，由于他特殊的身份，加上父亲的赫赫战功，他弱冠之年不久便做了县官。"治县有声，擢拜陕西行台监察御史"，只这寥寥一句话，我似乎看到一个伟岸的男子，坚毅的目光，在人群中徘徊，他尽自己的一切努力做好自己的本分。同时，他的智慧也必定时时闪耀光芒，让他在仕途之路上能走得远，走得稳。

要知道，陕西行台监察御史相当于现在的省级官职，他从此面临的便是仕途的康庄大道，一路坦途。这一年，他刚过不惑。

然而，就在他人生快要走向巅峰的时候，王实甫竟然选择了归隐。至于原因，他曾在【商调】《集贤宾·退隐》里

有这么几句描述:

> 退一步乾坤大,饶一着万虑休,怕狼虎恶图谋。遇事休开口,逢人只点头。见香饵莫吞钩,高抄起经纶大手。

人的一生,最难得的是遵从自己的内心,为自己心中的梦而拼搏。他一向秉公办事,常"与台臣议不合",若要抄起经纶大手,做一个不作为、不负责的官员,我想这样的官场之路对他来说便是坦途变荆棘了。

官场险恶,汲汲营营,想必这并不是王实甫想要的,于是他潇洒地抽身退步,回乡赋闲了。"年四十余,即弃官不复仕。"(苏天爵《滋溪文稿》卷二十三)

这份勇气,不是每个人都有的。在此之前,也有不少文人弃官的前例,比如屈原、杜甫、陆游、辛弃疾等,但他们的弃官大都是不得已而为之或形势所迫的,却从不曾有人像王实甫自己这般自己选择的。

"把尘缘一笔勾,冉休题名利友。"若是从此以后悠游自在、山水为乐,倒也罢了,但为人所惊愕的是,他在最可以享乐的日子里,选择了最艰难的道路——戏曲。

当时文人的地位便已经沦落为"七匠八娼九儒十丐",从事戏曲的戏子更是被列为最低等的阶层。他抛却功名利禄,投身到了勾栏戏院之中,从事着当时社会最不光彩的职业之一,他虽有一层身份做挡箭牌,但总归是有污门楣的。

王实甫的儿子王结,是当时的高官,"以宿卫入仕,官至中书左丞、中书参知政事,地位显赫"(《元史》)。他对父亲的离经叛道、不务正业颇有微词,也曾劝诫父亲不要涉足"歌吹之地",在家安心养老,"微资堪赡赒,有园林堪纵游"。

然而,从王实甫直言"与台臣议不合"那句话起,便知道他轻易是不下决心的,一旦做了决定,便很难有人能改变得了了。

从此,他一头扎进关汉卿的"玉京书会",经常出入勾栏瓦舍、歌台舞榭之中,了解下层社会生活,写成锦绣文章。明人贾仲明增补《录鬼簿》,有《凌波仙》词记录他在当时的影响力:

> 风月营、密匝匝列旌旗,莺花寨、明飙飙排剑戟,翠红乡、雄赳赳施谋智。作词章、风韵美,士林中等辈伏低。新杂剧,旧传奇,《西厢记》天下夺魁。

王实甫对自己的新工作乐此不疲,让他那为官为宦的父亲和儿子也都无可奈何。

王实甫,这个名字从此开始在元代的杂剧坛上流光溢彩,这份荣耀却是做一辈子的官也换不来的。

王实甫既有官宦经历,又经常出入"风月营""莺花寨""翠红乡"这些元代官妓聚居的教坊、行院或上演杂剧的勾栏，因此擅长于写"儿女风情"一类的戏。他的代表作《崔莺莺待月西厢记》（简称《西厢记》），其实并非他的原创，而是来源于唐代元稹所著的传奇小说《莺莺传》。

在最初的版本里，贫寒书生张生对没落贵族女子崔莺莺始乱终弃，张生飞黄腾达后来对朋友说起这段风流韵事，不仅不曾认识到自己的问题，反而认为莺莺是大卜之"尤物""不妖其身，必妖于人"，而自己"德不足以胜妖孽"，只好及早抽身。最终两人劳燕分飞，各自成家，也不再往来。

后来，有人考证过，元稹其实就是这出《会真记》中张生的原型，他像张生一样抛弃了一位痴心的女子，元稹称张生"善补过也"，其实是对自己"始乱终弃"行为的一种粉饰，洗白了张生，就等于洗白了他自己。

每每看起来，总觉得心寒。曾经说出"曾经沧海难为水，除却巫山不是云"这样动情的句子的元稹，竟会为始乱终弃的负心汉开脱。

还好，王实甫看到了这不平事，便以这个故事为蓝本，借鉴了金代董解元的《西厢记诸宫调》，创作了这出《西厢记》：书生张生（张君瑞）与相国小姐崔莺莺在侍女红娘的帮助下，冲破孙飞虎、崔母、郑恒等人的重重阻挠，终成眷属。

普救寺的因缘邂逅，一眼便是万年。张生看到莺莺向他走来，那颗心忍不住悸动：

【胜葫芦】则见他宫样眉儿新月偃，斜侵入鬓云边。未语人前先腼腆，樱桃红绽，玉粳白露，半响恰方言。

【幺篇】恰便似呖呖莺声花外啭，行一步可人怜。解舞腰肢娇又软，千般袅娜，万般旖旎，似垂柳晚风前。

她的窈窕身影，她的玉足纤纤，她的眉梢眼角，她的朱唇倾吐，便在他脑海里生了根。从此后，便是魂牵梦萦，便是茶饭不思。而莺莺也毫不掩饰自己对张生的情愫：

自见了张生，神魂荡漾，情思不快，茶饭少进。早是离人伤感，况值暮春天道，好烦恼人也呵！好句有情怜夜月，落花无语怨东风。

她甚至全然不顾世人的眼光，主动接近张生，深夜听琴。此后经过联吟、寺警、听琴、赖婚、逼试等一系列事件，他们也不改初心，始终追求真挚的感情。直到张生进京赶考，长亭送别，两人的感情酝酿到了极致，唱词也尤其的婉转有致，真挚感人。莺莺毫不掩饰自己的相思，担心张生山高水长、水土不服，担心张生一路奔波、食宿艰难：

【端正好】碧云天，黄花地，西风紧，北雁南飞。晓来谁染霜林醉？总是离人泪。

【滚绣球】恨相见得迟，怨归去得疾。柳丝长玉骢难系，恨不倩疏林挂住斜晖。马儿迍迍的行，车儿快快的随，却告了相思回避，破题儿又早别离。听得道一声"去也"，松了金钏；遥望见十里长亭，减了玉肌：此恨谁知？

张生路上对莺莺心心念念，梦里是她，魂里是她，醒来却空无一人，不由得感慨：

【鸳鸯煞】柳丝长咫尺情牵惹，水声幽仿佛人呜咽。斜月残灯，半明不灭。畅道是旧恨连绵，新愁郁结；别恨离愁，满肺腑难淘泻。除纸笔代喉舌，千种相思对谁说。

一词，一句，仿佛都笼上了纠缠不断的相思。张生为莺莺而"滞留蒲东"，不去赶考；为了爱情，他几次险些丢了性命，直至被迫进京应试，得中之后，他也还是"梦魂儿不离了蒲东路"。莺莺在长亭送别时叮嘱张生"此一行得官不得官，疾便回来"，认为"但得一个并头莲，煞强如状元及第"。他们的这场爱情超越了门第、财产和权势，彼此的真心超过了功名利禄，占主导的正是一种真挚的心灵相契合的感情。

这个故事里，莺莺不再是扰乱人心的"尤物"，张君瑞也不似那般薄情。王实甫究竟有多爱这剧中的两个人儿，才会不吝啬用所有优美的、真挚的、勾魂摄魄的笔墨去写他们的情、他们的爱，并真真切切提出"愿天下有情人都成了眷属"这样美好的愿望。

一出《西厢记》，多少有情人。也无怪乎《红楼梦》中贾宝玉和林黛玉一看，便沉醉其中不可自拔了。而王实甫也沉醉于自己的戏曲里，在人们的目光中缓缓前行，并乐此不疲，平安无忧地活到了七十多岁。

迄今为止，《西厢记》的故事上演了千遍万遍，只要莺莺和张生的故事被记住一天，王实甫就会活在人们的视野里，铭刻在人们的记忆里。

> 寺外的官兵早已是观众
> 汹涌的掌声留不住戏子笑容
> 做一回莺莺做一回张生
> 涂上胭脂活在戏中……

第五卷

天涯离歌·明清

半生已尽不言情：唐寅

> 桃花坞里桃花庵，桃花庵里桃花仙。
> 桃花仙人种桃树，又摘桃花换酒钱。
> 酒醒只在花前坐，酒醉还来花下眠。
> 半醉半醒日复日，花落花开年复年。
> 但愿老死花酒间，不愿鞠躬车马前。
> 车尘马足富者趣，酒盏花枝贫者缘。
> 若将富贵比贫贱，一在平地一在天。
> 若将贫贱比车马，他得驱驰我得闲。
> 别人笑我忒疯癫，我笑别人看不穿。
> 不见五陵豪杰墓，无花无酒锄作田。
>
> ——唐寅《桃花庵歌》

四月的苏州，正是好花好景。出了拙政园，沿着西北街彳亍而行，旁边是错落有致的民居，黛瓦白墙。过几个旧迹斑驳的小巷，偶尔会路过不知名的石桥，就到了桃花坞。点点飘落的桃花，混迹着淙淙流水，或陷于污淖之中，或停驻在瓦砾之间。旁边，长眠着一位被风流逸事和离奇传说淹没了真相的男子——唐寅。

很多人是在诙谐戏谑的银幕上认识他，人们常爱他雅致，笑他风流，怜他多才。那时，人们习惯叫他唐伯虎。然而，曲终人散之后却很少有人知道，隔着历史的重重帷幕，他的一生离奇得恰如一出戏剧。

很多年后，当我们再一次翻开他命运的史册，删繁就简，剥去那些缤纷的情事，呈现在我们眼前的，才是他生命的原色。

成化六年（1470年）二月，唐寅出生于苏州府吴县。烟柳小桥，浩渺湖波，他生来就裹着诗意，父亲经商使他自小衣食无忧。然而在商贾为贱的年代，家人殷切地希望这个孩子能够饱读诗书，光耀门楣。

他掬月色为亮，化青竹为册，不废昼夜，孜孜以求。十年寒窗之后，十六岁的唐伯虎顺利以第一名补苏州府府学附生。唐寅不过是垂髫之年，却有如此成就，再加上他在书画上皆具天赋，一时之下轰动了整个姑苏城。

两年后，才华横溢的唐寅迎娶了徐氏，环佩齐鸣，琴瑟在御，见证着他们年少结发的深情。此后的六年，他享受着燕尔新婚的温馨，喜获麟儿的欣喜，前庭后院，步步生香，度过了一段静好的时光。他以为他的人生圆满之后还能更圆满，却不料从此开始陡转直下。

弘治七年（1494年），是唐寅人生最晦暗的岁月。父亲去世，唐家的主心骨倒塌，一家人凄凄哀哀，很久不得转圜。还来不及消弭伤痛，母亲、妻子、儿子、妹妹又在这一两年内相继离世。

那时，唐寅的人生一度失去了亮光，失去了颜色，消弭了声音。只觉得地覆天翻，风光与繁华俱灭，草木与百花染灰，连鸟啼虫鸣都变得了无生趣。他以一人之力承受接二连三的打击，终于抑制不了啃心蚀骨的伤痛，恸哭一场。后来，他无力振作，更无心操持，索性放浪形骸，随波逐流，家境逐渐衰落，他的学业也日渐荒废。

在好友祝枝山的极力鼓舞下，他再一次拾起行囊，专心八股，进军科场。只是，此时的他心性未定，举止轻浮，差点酿成大祸。弘治十年（1497年），二十七岁的唐寅参加考试期间，不顾好友劝阻，与好友张灵宿花眠柳，酩酊大醉。这犯了主考官的大忌，直接大笔一挥，判他名落孙山。如果不是好友文徵明的父亲和自己的老师求情，他甚至连乡试的资格都没有了。

第二年，他痛定思痛，抓住机会，考取了应天府乡试第一名，是为"解元"。后来，他专门作《领解元后谢主司》一诗，表达了对当时主考官慧眼识珠的感恩之情："壮心未肯逐樵渔，秦运咸思备扫除。剑贵百金方折阅，玉遭三黜忽沽诸。红绫敢望明年饼，黄绢深惭此日书。三策举扬非古赋，上天何以得吹嘘？"

本以为，缓过了人生至亲离去的锥心之痛，吃过了年少轻狂的苦头，他学着成熟，会慢慢否极泰来，可是谁能料想，等着他的却是更加曲折的命运。

弘治十二年（1499年），唐寅在入京参加会试的路上结识了江阴考生徐经，彼此性情相投，引以为知音。徐经向当时的主考官程敏政行贿，却将这不光彩的事情告知唐寅。事后，徐经科场舞弊事发，唐寅也因知内情而受牵连，被投入监狱。

当悲惨的命运写好的时候，他曾经以为的一切性情便都成了祸患之源。他结交好友是错，他轻信人言是错，他天真可笑更是错上加错。

如果一切会试顺利，按照他的才华，连中三元也不无可能，如今却招来无妄之灾，最后被罢黜为浙藩小吏。一代才子，风华绝代，却只能以无品小吏庸碌一生，这无疑是奇耻大辱，傲视群才的唐寅坚决不去就职。

然而，睥睨万物，清高自诩，终究不是长久之计。后来的那几年，他远游闽、浙、赣、湘等地，靠卖文画为生，纵情声色，一天一天地活着。即便历经怒中休妻、与弟分家的变故，他也依然不改初衷，肆意人生。

绸缪了很久，唐寅终于在苏州建好了桃花庵，有了安身之处。据说，他还刻了两方印章，一枚是"龙虎榜中名第一，烟花丛里醉千场"；第二枚是"江南第一风流才子"，以此表明心迹。从此后，仕途官场，挥手暂别，他只愿车马喧嚣，红粉香软，度浮世清欢。

然而他虽极力远离，却始终无法与厄运分道扬镳。

正德九年（1514年）秋，宁王朱宸濠欣赏他的才华，邀请他去南昌做幕僚。唐寅一开始窃喜自己遇到了知音，珠玉不再蒙尘，便欣然应聘，踌躇满志，准备一展抱负。谁知相处不久，宁王的不轨之心便暴露无遗，他竟想谋朝篡位，自立为帝。

唐寅虽然放浪形骸，但是忠君爱国的儒家传统思想依然深入骨髓，他可以放任自己纵情声色，却绝不可能大逆不道，成为不忠不义之人。如果不及早脱身，等待他的将是众口铄金，或者杀身之祸。

怨只怨他太天真，以为每一次出人头地的机会，都是天赐良机，谁又能想得到这次是天降横祸，避无可避。罢了，不如就此沉沦下去，佯病，装疯，做一个谁都看不穿的痴人。谁也看不穿，便谁也无从伤害，无从利用，尚有一线生机。

与风月无系，与潇洒何干，他想要的，不过是——活下去。

在第二年桃花怒放的季节，他终于被宁王放还，回到了苏州。他以卖春宫画、作艳情词为生，只要能够谋生，管他什么才子，管他什么解元，他只做放浪形骸的桃花仙。如果说年少时的琴棋书画诗酒花是生活，他此后的潦倒贫病就只能叫作活着。

当他写出那首有名的《桃花庵歌》时，很多人以为"桃花仙人种桃树，又折花枝当酒钱。酒醒只在花前坐，酒醉还须花下眠"纯粹是对世俗的蔑视，是把艰难当成浪漫，实不知那也是他度日如年的熬煎。

这样的日子始终难如他所愿,冷笑里,始终带着生的无奈。他在自己的人生路上,和着辛酸的泪水,泥泞而行,终于快走到了尽头。

那年的冬天,风格外的冷,带着江南独有的湿意,沁心入骨。五十四岁的唐寅侧卧着,昔日深情的目光,已委顿成浑浊的疲倦。屋外的桃花依然是残枝,他知道自己再也无缘看见灼灼桃花红欲燃,就像自己的人生再也等不到春天。

那些暗淡困顿的回忆,留下来也不过是徒然,不如都将其归于尘土。他用尽最后的力气,写下一首绝命诗:

生在阳间有散场,死归地府也何妨?
阳间地府俱相似,只当漂流在异乡。

或许是命运的藩篱给予他的太过凄然,人们总是在后来的传奇里给他添加些许的调味,唐伯虎点秋香,唐伯虎娶九美人,让他肆意,让他痴情,让他绚烂,让他永恒,让他苦难的岁月不再冰冷。

红尘陌上,桃花初开,散落在唐寅曾经寂寂无闻的坟茔。而如今,那里时时有人驻足,凝望着他,为他的命运,为他的才情。

云水天长自癫狂：徐渭

半生落魄已成翁，独立书斋啸晚风。
笔底明珠无处卖，闲抛闲掷野藤中。

——徐渭《题墨葡萄图》

他是大才子，也是杀人犯。他是文学怪杰，也是精神病患者。他是中国的凡·高，也是顾城的偶像。

当这些标签同时出现在一个人的身上时，人们的目光通常会自动忽略前半部分的文字，而将他钉在后半部分的耻辱石柱上。人们用目光凌迟他，用文字淹没他，却渐渐忘了用历史去还原他——徐渭。

徐渭的故事，最早出现在小学生的故事书里，那时的他通常叫作徐文长，是个会写文章、能断奇案的神童。故事半真半假，历史上的他的确少年成才，但是却有一段不为人知的辛酸童年经历。

徐渭出生在浙江绍兴一个大家族,却并未享受过什么家庭的温暖。他的母亲是妾,只能由嫡母苗夫人抚养长大,十岁时生母又被逐出家门。年幼失怙,骨肉分离,苗夫人去世以后,他只能跟随着有长兄之名却无长兄之情的徐淮过活。

寄人篱下,孤独凄凉,几多感伤。好在,他是个争气而又有天分的孩子,没有亲情的滋养,他至少还有诗书为伴。六岁能读书,九岁能作文,十多岁便能模仿扬雄《解嘲》作《释毁》,为自己获得了小小的名气。然而,他的才情与名气终究只是虚无,他在科举道路上一路走来,并不顺利。

嘉靖十九年(1540年),徐渭刚过弱冠之年,"貌修伟肥白,音朗然如鹤唳",又以文才出众考中了秀才。那时的他,也曾是绍兴城里的佳公子,是朱楼绣户的梦里人。几经辗转,他还是决定离开那个无什么人情的家,入赘绍兴富户潘府为婿。

要知道,古代的男子对于家族传承、丈夫尊荣的重视程度是远胜于今的,如果不是对现状冷透了心,他也不至于做这样的选择。好在他的岳父潘克敬待他视如己出,不仅带他游宦阳江,协助办理公文,还对他多加提携,了解官场情况。

只是幸运之神并未再次眷顾他。他曾多次往返浙粤两地,返回山阴参加乡试,却再未能触碰过中举的大门。这样的日子,他一直过到了四十一岁。从青年俊秀到潦倒中年,这期间,他几乎不曾被善待过。

二十五岁时,徐家财产被当地无赖豪绅无情霸占,房屋、田地在一夜之间荡然无存。他本不是贪恋钱财之人，只是家破人亡叫人伤痛。而次年爱妻潘氏的去世，则是对他当头棒喝，抽去他灵魂之痛。这人间仅存的温暖啊，化作幽冷开始浸入他心间，缠绕他一生艰难。

为了谋生，功名未成的徐渭离乡背井，想去江苏太仓谋得生活之能，却始终不得要领，只能徒劳而返。嘉靖二十七年（1548年），无路可走的徐渭开设"一枝堂"，招收学童教私塾以养家糊口。这期间，他热衷于研习王阳明的"心学"理论，以"明心守正"作为行为准则。

第二年，徐渭终于做出了一个大胆的决定，不顾世俗偏见，把已被逐出家门的亲生母亲接回自己家中赡养。按照世俗的理论，那位已经故去的苗氏才是他的母亲，可这并不是他的本心，他惦记的始终是十月怀胎的母亲。

诚然，跟着心走，可以让他了却许多未了的心事，也可以帮他卸掉很多沉重的包袱。却不想，此后的岁月里，他被心魔支配，再无宁日。

嘉靖三十七年（1558年），三十七岁的徐渭又经历了几次科举，虽未考取功名，却因为在柯亭、皋埠、龛山等地的几次战役中出谋划策，显示了军事才能，被浙江巡抚胡宗宪纳入门下。从此，徐渭成为胡宗宪的幕僚，为他幕后出力，为他运筹帷幄。可以料想，他多么珍惜这段来之不易的黄金岁月，虽说不上风头正盛，却也算得遇良主，一时安稳。

胡宗宪惜才，徐文长感恩。那时的徐渭常常喝得酩酊大醉，放声叫嚷，胡宗宪只觉得这是性情中人，豪杰作为；胡宗宪位高权重，不怒自威，其他官员连头都不敢抬，徐渭则随意闯入，与其大谈国事；胡宗宪与权臣严嵩过从甚密，徐文长虽不喜，却又多次代笔书信，写一些称赞吹捧之词。胡宗宪那些对徐渭的礼遇和青睐，是蜜糖，亦是砒霜，只是彼时的两人都身在其中，不自知而已。

草木犹盛时，山河忽已倾。一个人从志得意满到绝路穷途，往往不需要很久。嘉靖四十四年（1565年），胡宗宪被弹劾为严嵩同党，入狱不久便自杀而亡。死对于胡宗宪是一种解脱，可活着对徐渭却是一种极致的煎熬。胡宗宪是严嵩同党，而他是胡宗宪亲信，胡宗宪位高权重尚且难免一死，而他这样的草芥之人只怕也是凶多吉少。

然而，他又不免痛恨，这万恶的官场和世道，逼得他无路可走，迫得他言不由衷，如果因此被牵连，多少还是有些愤懑的。徐渭便在这样的忧惧与烦恶之中瞻前顾后，左右摇摆，再加上他本来的脑疾，整个人变得疯癫起来、狂乱起来。

身处忧惧，心如枯槁。在这样的情境之下，他曾多次试图自杀以求解脱痛苦，逃离恐惧，却未如愿。徐渭已写好了《自为墓志铭》。他曾经拔下壁柱上的铁钉击入耳窍，然而血流如注的他并未如愿，医治数月后痊愈了；他又曾用尖椎击打肾囊，内脏受损亦未死成……如此反反复复，九次求死而不能，嘉靖四十五年（1566年），徐渭在又一次狂病发作中，因怀疑继妻张氏不贞，失手将其杀死，他因此被关入监牢。

这一次入狱，足足七年。徐渭的人生彻底被颠覆了。一路走来，他命运多舛也好，偃蹇流离也罢，至少他还是这人间的一朵清葩，至少他还是这文山书海的一身正骨。因杀妻获罪，这是他此生都难以洗脱的污点了。

惶惶不可终日的因由已结果，他反而变得坦然了。在狱中的徐渭反而能纯粹地做自己，他专心揣摩书画艺术，完成《周易参同契》注释，甚至因此得到了很多书画界好友的援手。因此，他出狱以后便结交了一大批艺术好友，还游览了杭州、南京、富春江一带。不知，该说幸，还是不幸。

再次重返人间，是万历元年（1573年）的事了。当时，明神宗朱翊钧即位，天下大赦，徐渭因此获释。此时，徐渭已经五十三岁。或许是"心学"的思想影响，也或许是艺术家的天性使然，徐渭出狱以后越发地放纵自己，不愿受传统礼教的约束。谁人对他指点，他便对谁嗤之以鼻；谁人对他管教，他就对谁横眉竖眼。

花甲之年时，徐渭曾应好友张元忭之约去北京叙旧，然而张元忭固守旧法，常常看不惯徐渭的举止做法，便以封建礼教约制劝解。却不想，两人因此交恶。据张岱记载，徐渭曾拿过失杀人和处处受限做对比，他对张元忭说："我杀人当死，也不过是颈上一刀，你现在竟要把我剁成肉糜！"

不自由，毋宁死。这样的理念，或许要很多年后的张元忭才能理解吧。徐渭眼看着自己与老友已话不投机，再加上都城官僚们的势利对待，徐渭久未紧绷的情绪再次溃堤，精神旧病复发，从此重归家乡，再未出山。

晚年乡居的日子里，徐渭开始杜门谢客，彻底与过去诀别：富贵者视为仇敌，礼法者令人生厌。他宁愿"忍饥月下独徘徊"，也不愿哀求他人；有人来访，他便手推柴门大呼"徐渭不在"。然而，张元忭去世，徐渭往张家吊唁时，却抚棺恸哭，他心底深处虽厌弃礼法，却始终不忍舍弃那些与旧友真挚坦诚的岁月。

徐渭的晚年说不上安稳，甚至称得上凄凉。随心所欲的日子是要付出代价的，他不善经营，钱财随手散尽后便只能靠卖字画度日。他便将自己的悲愤和怀才不遇之感融注于笔端，什么《墨葡萄图》《画梅图》《画兰图》《画竹图》，一张张地画下去，有的搁置良久而无人问津，"笔底明珠无处卖，闲抛闲掷野藤中"；有的被争相购买，价高者得。甚至，有的画被他所谓的好友和弟子骗走、抢走，他似乎也全不在意。

细细追究，那时候的他已经堪称痴傻了，他有时豪饮酒肆，有时自持斧毁面破头，恨不得早日离开这肮脏而又痛苦的世界。万历二十一年（1593年），七十三岁的徐渭在穷困潦倒中去世，身边连一床席子都没有，只有那条也已垂垂老矣的狗。

他对这个世界该有多绝望，对这世人该有多失望，我们如今已经不得而知，只是再次提起这些经历时只觉后背生凉、难抑煎熬。然而，回首徐渭的一生，潦倒也罢，癫狂也好，指摘或是诟病，晚年的他应都已抛弃，当作过眼云烟。

这人生，他也是第一次活，活得手忙脚乱，也活得可圈可点。少年英姿勃发，壮志在胸；中年所托非人，身陷囹圄；到老年挣开了枷锁，去掉了牵牵绊绊，才活成真正的自我。心中的那个自己，虽然来得迟，好在终于到了。

谁把流年暗偷换：叶绍袁

寂寥苹渚蘅皋，道书读罢香销篆。松声入坐，药栏红亚，美人蕉钏。极目平芜，天高水远，莲歌游遍。且藤壶汲煮，青衣小袖，点取凤团香片。

自把秋棠手洗，粉墙西、翠梳新钿。开帘风动，画屏琴石，轻阴满扇。把酒盈尊，摘花侵暝，夜凉迎面。更堪娱、又有椒篇，絮句丽词常见。

——叶绍袁《水龙吟·写怀》

碧天清暑凉生，流莺啼彻闲庭。又逢佳景，谁家游冶，芳裳兰钏。曲岸扶疏，遥山掩映，铅华月遍。看盈盈无数，帘钩画舫，烟渚落霞千片。

一望胭脂簇锦，恍当年、馆娃遗钿。朱颜既醉，妆窥水镜，珠翻团扇。露湿云凝，六郎无似，几将花面。迤逶取十里，看风皓月，素波长见。

——沈宜修《水龙吟》（六月二十四日和仲韶）

入夜，微雨。杭州的一座寺院里，灯漏小窗，一地昏黄。

木拂颤抖着已有些枯萎的双手，轻轻敲打着木鱼。伴随着淅淅沥沥的小雨，这秋夜，静得揪人的心。自从参破红尘，了断尘缘，他已经很久不去想她。

这一次，他可以肆意地回忆，可以彻底地沉迷，直到与她相逢在幽暗的黄泉。

清顺治五年（1648年）九月二十五日，一抔黄土之上，终于再一次刻上他俗世的名字：叶绍袁。

万历三十三年（1605年），江苏吴江汾湖边，湖上烟波浩渺，山间草木生香，在袅绕的吴门烟水中，迎来了一场众望所归的婚礼。

十七岁的叶绍袁，自幼在著名思想家袁黄家长大，深受浸润。十六岁的沈宜修，出生在江南的文学世家——吴江沈氏，她的伯父沈璟是曲坛盟主。一个是文雅俊美的少年才子，一个是秀外慧中的美丽少女，可谓是门当户对、天作之合。

很多年后，叶绍袁怀念从前时，毫不吝啬地赞美妻子的才貌无双："十六岁归于余，颀然而长，鬓泽可鉴……窈窕方茂，玉质始盛。令姿淑德，初来王湛之家；览镜操琴，遂似秦嘉之妇。"

只是，步入婚姻之初，他们的生活并不像想象中那样平顺。未脱稚气的他们，估计刚刚学会恋爱，便要应对家庭的种种。

母亲都是爱子心切、望子成龙的，即使是新婚也逼迫儿子埋头苦读,不希望小夫妻整日花前月下耽误了大好前程,而对沈宜修作诗也颇有微词,认为女子操持家务、守好本分便好,"恐以妇诗分咕哔心,君因是稍拂太宜人意,又惘惘然恐失高堂欢也,清宵夜阑,衫袖为湿"。

叶绍袁对此也有过担忧:

> 余少时不甚居家中,即居家中,亦不敢私入君帏。非太宜人命,寒簷夜雨,竹床纸帐,萧萧掩书室卧耳。……君因太宜人不欲作诗……
>
> ——叶绍袁《亡室沈安人传》

一个是新婚宴尔的娇妻,一个是疾言厉色的母亲,"婆媳大战"一触即发。然而,沈宜修始终以大局为重,一边为丈夫抄书伴读,一边悉心孝顺婆婆,偶尔技痒才作诗填词。做到如此田地,叶母也不再挑剔。

窗间日短,檐前流光。虽有离别,不碍他们一路上捡拾花香。日子,便在这样和睦平顺中缓缓流过。

天启五年(1625年),经过多年寒窗苦读,叶绍袁金榜题名,从此走入仕途。两年间,叶绍袁的仕途平顺,从初授南京武学教授,到国子助教,再改工部主事,一路上风光无限。

沈宜修则在家勤俭持家,"性好洁,床屏几幌,不得留纤埃"。她性情平和,"君待人慈恕,持己平易,下御婢仆,必为霁容善语,即有纰缪,悉洞原其情之所在"。有妻如此,叶绍袁深感为幸。

离别的时候,她常寄上一叶消息:"碧烟凄绕愁行客。客行愁绕凄烟碧。肠断隔山长。长山隔断肠。晓风凄月小。小月凄风晓。楼倚奈人愁。愁人奈倚楼。"惆怅反反复复,思念悠悠长长。他也不时酬唱,互诉衷肠。

时逝事变,叶绍袁的仕途不可避免地遭受着变故。当时,魏忠贤一众宦官擅权,殃民祸国,叶绍袁身为朝廷命官,却阻止不了。人的一生很短,短到有的人还没想清楚自己该做什么。可是,叶绍袁知道自己不该做什么。

他的母亲在是非面前也并不糊涂,年少时她虽千方百计支持儿子入朝为官,可她也支持儿子拒绝助纣为虐。于是他毅然以母亲年迈为由,告老还乡。

生活如果抹匀了颜色,调和了浅淡,再平凡也是甜的。叶绍袁辞官归隐的那两年,是他们一家人最幸福温馨的一段时光。他们一共养育了八男三女,共居于汾湖午梦堂。

汾湖的景色一如既往地赏心悦目,抬头可见鸥鹭齐飞,俯首能掬一捧粼粼的湖水。上有依然精神矍铄的老母,下有一群才情横溢的儿女,他们在田园中忘忧,在书墨中遨游。他们努力地为子女们营造良好的书香氛围,浸润于诗书之中。叶纨纨与叶小鸾姐妹俩感情尤其好,居住在芳雪轩,喜欢一起听芭蕉夜雨,唱和诗词,亦师亦友。

叶绍袁和沈宜修则常常题花赋草,托云寄月,处处写满他们的足迹。晨起,他们就写"芍药如含笑,旖旎回廊曲。

蔷薇更袅袅,满架纷红玉",微雨,便作"繁花鲜欲滴,细草嫩堪浮",可见平凡生活中的愉悦与欢快。叶绍袁学古人写了《秋日村居》诗八首,沈宜修便依其韵作了八首和诗。你小心翼翼地写,我慢慢悠悠地看,一片缠绵悱恻,镌刻着往日时光。

在悉心教导、言传身教下,他们的子女都皆有成就。后来,幼子叶燮成为著名诗论家,叶纨纨、叶小鸾、叶小纨等成为著名女词人。日子就在这样的温暖与惬意中,缓缓流过。

崇祯五年(1632年)的秋天,对叶家来说是一个不祥的季节。秋的凋零萧瑟,带来了接二连三的厄运。年仅十七岁的叶小鸾在与未婚夫行大婚之礼之前五天,突然暴病不起,猝然而卒。大姐叶纨纨哭妹过度,不过两月便也随妹而去。曾经繁茂的绿叶,在萧瑟的秋风中纷纷飘落。昔日满室欢歌笑语,如今也变得凄冷无言。二姐叶小纨在伤痛之余,仍然将姊妹三人的故事写下,演绎成杂剧《鸳鸯梦》,在这尘世间纪念她们曾来过,曾绽放过。

而这一连打击,彻底击垮了沈宜修瘦弱的身躯。庭前落日,雨后落花,似乎都是女儿曾经娇俏的身影;午后风铃,晨起鸟鸣,也依稀传递着昔日喃喃耳语。她写了很多词句,悼念他们的孩子。

谢娘何处去。辜负因风句。莫把旧诗看。空怜花正寒。

瑶华早逗梨花雪。疏香人远愁难说。愁难说。旧时欢笑,而今泪血。

春色三分,二分已过,算来总是愁难数。回肠催尽泪空流,芳魂渺渺知何处。

人生愁苦,最怕自怜自伤。三年后,在对女儿深深的怀念中,沈宜修撒手人寰,只留下一卷清丽婉约的《鹂吹词》。妻子逝世一周年,叶绍袁依然沉浸在伤痛之中,不能自愈。

有时,做梦可以帮他遗忘,有时也会加深他的铭记。夜凉风起,卷帘而入,拂起妻子前额的碎发,那便是他掌心的印记。茶香袅袅,沁人心脾,漾在子女们细碎的微笑里,那是他眼中的点滴。

心中太空荡,必须用文字来填满,否则下一秒就会决堤。他极力自制,将所有的苦痛埋入心中,为妻女等人精心编辑了一部诗文合集——《午梦堂全集》。

后来,清军南下,明朝覆灭。面临着国破与家散的伤痛,在命运的泥泞中挣扎,他为反清复明的义举慷慨高呼,却始终没有勇气走出自绝于世的那一步,最终选择了放下一切。

清顺治二年(1645年)八月二十五日,叶绍袁决定出家,在佛门净地,诵经打坐,觅得一方安宁。他早年便有记日记的习惯,即便遁入空门也笔耕不辍,也可聊度残余之年,这便是后来的《甲行日注》。

三年又一个月后,又是一年秋,他走完了自己六十年的岁月。

　　流年已逝,春风几度,午梦堂早已破败颓垣,叶氏子女业已名闻天下。青烟尽,纸灰起,在那个烟雨蒙蒙的梦开始的地方,有人轻轻吟唱着:

> 百年风雅几人存,午梦堂空尚有村。一望暮烟秋草碧,何人为吊旧王孙。
> ——柳树芳《胜溪竹枝词》

　　而长眠于地下的叶绍袁还要兜兜转转,翘首以期,去寻觅他梦里的一缕芳魂。

开到荼蘼花事了：张岱

> 雾凇沆砀，天与云与山与水，上下一白。湖上影子，惟长堤一痕、湖心亭一点，与余舟一芥、舟中人两三粒而已。
>
> ——张岱《湖心亭看雪》

最初认识他，是在一幅只用墨色勾勒，不用彩色渲染的山水画中。他是湖心亭的画中人，素色长衫，湖中一点，于万千风雪中钓一壶寂寞。其实，并不会寂寞。有趣的人，会用自己生活的热情，把那寂寞抛开，再细细地品出些滋味来。

而他，就是人们口中常说的万里挑一的有趣的灵魂——张岱。

如果把人的一生比作绚烂的花事，他就那样不争不抢、不疾不徐地开着，有绽放，有凋谢，终不负这缱绻时光。

万历二十五年（1597年），张岱出生在明朝一个显赫的书香门第，家里最不缺的便是饱学之士和优渥的生活。故而，他的童年也像很多人一般俗套，年少成才，天资聪颖，也有着传奇一般的故事。

五岁那年的正月，张岱的二舅陶崇道随意指着壁上的画出了上联："画里仙桃摘不下"，张岱略加思索，便对道："笔中花朵梦将来"。陶崇道对此感到十分惊奇，称赞张岱为"今之江淹"。元宵节时，张岱前往舅祖朱敬循家看灯，又有好事的客人指着天井两旁的荷花缸来考他"荷叶如盘难贮水"，张岱对道"榴花似火不生烟"。满座客人对张岱无不大加赞赏，"神童"的名号自此传开。

神童的童年往往是畸形的。他们有时候是厅里的一幅画，供人参观；有时候是院里的一株花，任人点评。他们制造着热闹，笑语欢歌属于他们，赞叹掌声也属于他们。张岱的少年便于这喧嚣之中，滋生了不少富家公子的趣味。就像他在《自为墓志铭》所说：

少为纨绔子弟，极爱繁华，好精舍，好美婢，好娈童，好鲜衣，好美食，好骏马，好华灯，好烟火，好梨园，好鼓吹，好古董，好花鸟，兼以茶淫橘虐，书蠹诗魔……

春花过处，俱为所爱。鲜衣怒马，浩荡生涯。他的年少时光如怒放的蔷薇，肆意而张扬。

在天瓦山房读书时，他与友人乘兴登香炉峰观日落，在金筒石上赏月色，差点儿遇上劫匪过山，回想起时也只莞尔一笑，当作笑谈。有人开茶馆，他见人用玉带泉煮兰雪茶，茶香色美，喜不自胜，大笔一挥便为茶馆取名"露兄"，并作《斗茶檄》纪念。

自祖父起，家中便自蓄声伎，他也一度沉迷梨园歌舞，曾带着伶人李岕生、高眉生、王畹生等登龙山看雪唱曲。天寒地冻，喉紧呜咽，伶人们无法施展才能，便坐羊车而返。崇祯七年（1634年）的中秋，张岱举办了一次规模比兰亭集还要盛大的聚会，他效仿虎丘中秋故事，在家乡蕺山亭召集七百多位朋友、艺人共同饮酒、唱曲，夜半阑珊，方才散去，一时传为美谈。

张岱并非只知奢靡度日的纨绔子弟，他亦曾参与科举正途，施展抱负。自年少时，张岱便嗜书如命，上自天文地理、兵法方术，下至稗官野史、志怪传奇，只要他喜欢，拿起便读，读到昏天地暗，读到如痴如醉。

只是，崇祯八年（1635年）的那次乡试，阻断了他的仕进之途。一向自由散漫、个性飞扬的张岱因文章格式不符规定而折戟，满腹文采却被陈腐条规所囿，他怎肯轻易罢休，便撰写一《跋张子省试牍三则》，虚拟人物来讽刺考官。从此，他再未入考场。

远离名利场之后，他方能更好地做自己。

有时，他是喜爱热闹的。他结交了一批志同道合之人，如周墨农、倪元璐、祁彪佳等，有时游园赏灯、看遍繁华；有时以烛当月、把酒言欢；有时攀山访友、且听风吟；有时礼佛参禅、静以修身。甚至，只需要一尊化石，他也可以与友人们观赏吟咏一下午，纷纷为化石起名赋诗，悠悠地度过细碎的光阴。

有时，他是享受寂静的。于西湖畅游，他说"西湖七月半，一无可看，止可看看七月半之人"，有哭闹的孩子，呼喊的轿夫，拨弦弹曲的歌姬，饮酒赏月的僧人……然而热闹是他们的，他仿佛什么也没有。途经镇江时，看月色如水，戏性大发，便划船暂停金山寺大殿，带上戏具，连唱数出好戏，一旁的僧人边看边笑，莫名其妙。他兴尽便归，也不管方才是醒是梦。湖心亭看雪，万物洁白，群山俱静，而他在这极致的寂静中，浸润自己的心灵，独得一处安宁。

有时，他是有大慈悲的。身不在朝廷，却依然心系百姓。他与好友曾布施医药，救数千人性命；曾出资内修佛寺，善及众生；也曾出资征召千人整修池塘、水道，便于舟船来往，通行无阻。

有时，他是极挑剔的。他喜欢吃各地的特产，但是不合时宜的不吃，不是上佳的食物不吃。如北京的苹婆果、马牙松，山东的一定要吃羊肚菜、秋白梨，苏州的带骨鲍螺、松子糖，南京的套樱桃、桃门枣……只要是张岱想吃，不管多远，不管多难得，他都要想尽办法去品尝，以慰肚肠。

不管是哪一个张岱，都活得至情至性，有声有色。由着心去爱恨，顺着意去得失，他在那个时代，绽放着不惊动任何人的魅力。

然而，他人生的下半场被战乱打破了既定的轨道，一切来得太快，不让人有任何的喘息。

崇祯十七年（1644年）三月，张岱刚刚料理完二叔的丧事，便听到李自成攻入北京的消息，明思宗朱由检自缢而死，明朝灭亡。五月初三日，福王朱由崧即位，建立南明弘光政权。十月，爱新觉罗·福临于北京即皇帝位，改国号为清。

大厦忽倾，国破家亡。张岱失去了一切，成为无家可归的遗民，开始四处流转。顺治二年（1645年），满人又颁布剃发令，不剃头便杀头。

有多少遗民在这样的国仇家恨中，以死抗争，守节明志。而张岱却毅然选择了生，隐居山林潜心著述，以述平生。这样的决定看似轻描淡写，实则置之死地而后生。他曾在《石匮书》中这样表明自己的想法：

然余之不死，非不能死也，以死而为无益之死，故不死也。以死为无益而不死，则是不能死，而窃欲自附于能死之中；能不死，而更欲出于不能死之上。千磨万难，备受熟尝。

昔日的锦衣华服变成了粗缯人布，雕梁画栋变却茅檐瓦舍，甚至经常过着断炊断粮的凄惨生活，这样天壤之别的生活势必让人产生大大的落差。然而，一杆笔可写青史，一卷纸可鉴古今，岂不更有意义？

半窗夜雨，月隐灯昏；一枕秋风，凉意四起。张岱披散着头发，焙一壶粗茶，握着一杆笔，凝神苦思，将一字一句写下。春日芬芳，他衣衫渐薄，风儿裹着花香灌满衣袖，甚至调侃着前半生：

> 功名耶落空，富贵耶如梦。忠臣耶怕痛，锄头耶怕重。著书二十年耶而仅堪覆瓮，之人耶有用没有？
>
> ——张岱《自题小像》

这样的日子，张岱一过就是几十年，他依然以崇祯纪年，他依然自称明季遗老。然而他没有怨怼，没有仇恨，只是轻轻地调侃和叹息。他在幽暗的岁月里，听风、赏月、著述、赋诗，远离一切世俗的纷扰，后来写成《陶庵梦忆》《西湖梦寻》等著作。

真正的勇士，便是这样看穿了生活的残酷之后，依然坦然前行的人。六十八岁时，他就早早地去山上寻觅自己的葬身之处，颇有兴致地写下《自为墓志铭》：

> ……
>
> 年至五十，国破家亡，避迹山居，所存者，破床碎几、折鼎病琴，与残书数帙，缺砚一方而已。

> 布衣蔬食，常至断炊。回首二十年前，真如隔世。
> ……
> 甲申以后，悠悠忽忽，既不能觅死，又不能聊生，白发婆婆，犹视息人世。恐一旦溘先朝露，与草木同腐，因思古人如王无功、陶靖节、徐文长皆自作墓铭，余亦效颦为之。

当他把死亡堂而皇之地写下时，他的灵魂便足以不朽了。后来，他以八十多岁的高龄寿终正寝，陪伴他的是遍山的野花和袅袅的雾霭。

有人说他是明代遗民中没心没肺的人，也有人说他是精于玩乐极有品位的纨绔子弟，是充满传奇色彩的末世公子。而我，始终无法定义他，直到后来听到了一首低吟浅唱的歌谣，我想我找到了答案：

> 我就是我是颜色不一样的烟火
> 天空海阔要做最坚强的泡沫
> 我喜欢我让蔷薇开出一种结果
> 孤独的沙漠里一样盛放的赤裸裸

他不需要像谁，他就是他张岱，跟着自己的心，过好了自己的一生。

一曲金缕酬知己：顾贞观

> 我亦飘零久，十年来，深恩负尽，死生师友。宿昔齐名非忝窃，试看杜陵消瘦。曾不减，夜郎僝僽。薄命长辞知己别，问人生，到此凄凉否？千万恨，为君剖。
>
> 兄生辛未吾丁丑，共些时，冰霜摧折，早衰蒲柳。词赋从今须少作，留取心魂相守。但愿得，河清人寿。归日急翻行戍稿，把空名、料理传身后。言不尽，观顿首。
>
> ——顾贞观《金缕曲》

乾隆年间，清代才子袁枚退居随园，一边广收弟子，吟咏诗词；一边搜罗逸事，付笺尺牍，著成《随园诗话》。写到康熙年间纳兰公子之时，他举起笔来，似乎有些踌躇不定：他身居高位，久伴君侧，若说他的仕途，大有可为；他与妻子深情至笃，不废悼亡，亦是感人至深，闻之断肠；

他……

思虑良久,袁枚慨然下笔,决定写下他与顾贞观和吴兆骞之间的因缘际会,不为其他,只为:人生不足贵,贵在遇知己。

这段故事的开端,带着些许苍凉晦暗的颜色。

顾贞观是东林领袖顾宪成之后,出生于诗书之家,少年时代的顾贞观参加了由吴江名士吴兆骞兄弟主盟的"慎交社"。在社中,他年纪最幼,却最有才名,"飞觞赋诗,才气横溢",与声望甚隆的吴兆骞结为生死之交。

顺治十四年(1657年)八月,才学出众的吴兆骞参加江南乡试,凭借一己实力中了举人。这本是一件值得庆贺的好事,却不料厄运横降,人生忽倾。

那一年,赫赫有名的江南科场舞弊案爆发,两名主考官以及十八名同考官就地革职,然后押解入京。就连考中的举子也要押解到京重新考试,复试合格者保留举人资格,不合格者治罪。由于仇家诬陷,吴兆骞也成为其中之一。

科举考试,本就是一场人生的豪赌,赢了固然可以飞黄腾达,输了也不过是从头再来。这一次重考,却是一场生死局,容不得输。然而,考试这种事情亦是需要灵感、运气和心理素质等因素的多重助力,重来一次的结果不一定会尽如人意。

次年四月,春花秋月,景色宜人。可是举人们却被押解在中南海瀛台复试,两边武士林立,场面肃然可怖。文弱书生吴兆骞紧张害怕之余，卷子没有完成，更不用说能考出举人的成绩了。于是，他自然而然被划为舞弊之列，举人功名革除，家产全数抄没，父母妻子也悉数被牵连，流放到苦寒的宁古塔（今属黑龙江）。

顾贞观得知好友蒙受不白之冤的消息，便四处奔走，奈何皇命一出，无可挽回。吴兆骞被遣送到宁古塔时，顾贞观承诺一定会营救他，许下"季子必归"的诺言，只待时机一到，迎好友归来。

谁知，这一等便是二十年，这一等从顺治帝等到了康熙帝。康熙继位以来，并未有平反旧案之意，吴兆骞依然是苦寒之地的阶下囚。"雪才到地即成坚冰，一望千里皆茫茫白雪。"他的苦日子可想而知。

顺治末年，顾贞观辞亲远游，到达京师，后来以"落叶满天声似雨，关卿何事不成眠"等词句而被尚书龚鼎孳和大学士魏裔介等人赏识，后来任职秘书院中书舍人、内阁中书等职，还曾作为康熙扈从南巡。

这期间，顾贞观接到吴兆骞从戍边寄来的一封信时，才知吴在戍边的苦况：

> 塞外苦寒，四时冰雪。陶陶孟夏，犹著故裘，身是南人，何能堪此？……鸣镝呼风，哀笳带雪，萧条一望，泣下沾衣。

身居绝塞的好友再经不起风霜雨雪的摧残，救友生还已到刻不容缓之时。当顾贞观了解到朝廷中有一些身居要职的官员,如苏州的宋德宜、昆山的徐乾学等,过去与吴兆骞都有过交往,因而连日奔走于这些权贵之门,希望他们顾念旧情,能为营救吴兆骞助一臂之力。奈何他人微言轻,又无所依仗,并无什么人伸出援手。

而他自己也并不顺利,受同僚排挤而失去官职,自称"第一飘零词客",这一下救人更是希望渺茫了。

康熙十五年(1676年),经国子监祭酒徐元文推荐,顾贞观被邀请至内阁大学士明珠府,为其子纳兰容若授课。此时的纳兰容若虽为贵胄公子,仕途也算平顺,可他追求的却是心灵上的契合、随意悠游的生活,对于文人之间的情谊更是惺惺相惜。故而,两颗心灵越走越近,渐渐成为知己。

走投无路,前景缥缈的顾贞观像是抓住了一根救命稻草一般,向纳兰容若求助,可此时的纳兰容若与吴兆骞并无交情,拒绝了他的请求。

一代词客,生性高傲,顾贞观今为了好友甘愿低下头颅。人情冷如冰,寂寞风雪中,他没有资格去苛责别人,却始终怪自己无能。

就着深夜的浊酒,映着摇曳的烛火,寓居在千佛寺的顾贞观写下了字字血泪的《金缕曲》词两阕:

季子平安否?便归来,平生万事,那堪回首!行路悠悠谁慰藉,母老家贫子幼。记不起,从前杯酒。魑魅搏人应见惯,总输他,覆雨翻云手,冰与雪，周旋久。

泪痕莫滴牛衣透，数天涯，依然骨肉，几家能够？比似红颜多命薄，更不如今还有。只绝塞，苦寒难受。廿载包胥承一诺，盼乌头、马角终相救。置此札，君怀袖。

我亦飘零久！十年来，深恩负尽，死生师友。宿昔齐名非忝窃，试看杜陵消瘦，曾不减，夜郎僝僽，薄命长辞知己别，问人生，到此凄凉否？千万恨，为君剖。

兄生辛未吾丁丑，共些时，冰霜摧折，早衰蒲柳。词赋从今须少作，留取心魂相守。但愿得，河清人寿！归日急翻行戍稿，把空名料理传身后。言不尽，观顿首。

——顾贞观《金缕曲二首》

在词里，云和雨，冰与雪，北方的苦寒，他一并尝尽。千种怨、万种恨，辜负君恩的痛楚，也全数化作泪流。他营救之事无能为力，至少能将此记录，等他归来看到他的一颗赤诚之心。

这两首忠贞生死之谊、至情之作也被人传诵为"赎命词"，成为清词中的压卷之作。纳兰容若读过这两首词，深受感动，泪下数行："河梁生别之诗，山阳死友之传，得此而三！"

当时的纳兰容若便许下诺言，势必援救吴兆骞。他临窗泼墨，在感慨万端中挥笔写下了这首历来为人传诵的《金缕曲》：

> 德也狂生耳，偶然间，缁尘京国，乌衣门第。有酒惟浇赵州土，谁会成生此意？不信道，遂成知己。青眼高歌俱未老，向尊前，拭尽英雄泪。君不见，月如水。
>
> 共君此夜须沉醉，且由他，蛾眉谣诼，古今同忌。身世悠悠何足问？冷笑置之而已！寻思起，从头翻悔。一日心期千劫在，后生缘，恐结他生里。然诺重，君须记。

君子重然诺，意气遥相托。康熙二十年（1681年），经纳兰容若、徐乾学、顾贞观等诸多友人合力营救，终集资两千银两，以认修内务府工程的名义赎罪放还了吴兆骞。吴兆骞被释归来后，在明珠府上的白壁上见到题字"顾梁汾为松陵才子吴汉槎屈膝处"，再也抑制不住心中感动，痛哭不已。

而顾贞观与纳兰容若也因此在患难之时的相扶相助结下深情厚谊。他们互相酬唱，吟咏唱和，既有师生之情，更有朋友之义。顾贞观到纳兰那里，纳兰就撤去楼梯，不让他离去，相谈终日。《清稗类钞》作者徐珂说："容若风雅好友，座客常满，与无锡顾梁汾舍人贞观尤契，旬日不见则不欢。梁汾诣容若，恒登楼去梯，不令去，不谈则日夕。"

后来，纳兰容若写了多阕《金缕曲》"赠梁汾""寄梁汾""再赠梁汾"，以表对顾贞观的敬重与两人之间的深情厚谊。

旧友重回，知己新交，他们本来可以有很多个日子来度过这美好时光。孰知，世事难料，康熙二十三年（1684年）、二十四年（1685年），吴兆骞、纳兰容若先后病故，顾贞观悲痛不已，神情郁郁，"且擗且号，且疑且愕。日晻晻而遽沉，天苍苍而忽暮，肠惨惨而欲断，日昏昏而如瞽"。

在纳兰容若逝世的第二年，顾贞观便回归故里，隐居避世。独对着清风明月、山间幽泉，在竹影摇晃的细碎时光里，他字斟句酌，帮纳兰容若整理出《饮水词》词集。

尘世已凉，烟花俱默。他的前半生为吴兆骞疲命奔走，不负友人恩义；后半生与纳兰惺惺相惜，解他心中愁郁。人生得此知己，足以芬芳他说不上很完满的一生。

萧索平生岂堪问：黄景仁

> 几回花下坐吹箫，银汉红墙入望遥。
> 似此星辰非昨夜，为谁风露立中宵。
> 缠绵思尽抽残茧，宛转心伤剥后蕉。
> 三五年时三五月，可怜杯酒不曾消。
>
> ——黄景仁《绮怀》十五

有人说，他是清代的李商隐，有人说他是苏东坡在世。而在大多数人的脑海里，他的名字也只是倏忽而逝，仓皇中闪过一个清瘦的背影。

何必苛责世人的孤陋寡闻，只怨命运对他太过不公，吝啬给他一段可观的人生。如缥缈孤鸿、枯树流莺，英年早逝的黄景仁用短短的三十年，向这个世间浅吟低诉，所求不过"成全"二字，成全他的抱负，成全他的爱情，成全他的丹青，也成全他平凡的一生。

然而，终不能幸免。黄景仁在鼎盛的乾隆盛世，被债主所逼，抱病离京，卒于归途中。

　　与很多普通人相比，黄景仁身世堪怜。他4岁丧父，自幼由母亲屠氏教养，十二岁时祖父去世，十六岁时唯一的兄长罹病身亡，失去亲人的苦痛啃噬着他的心神，阴霾始终在他的头顶盘旋不散。

　　想必他的母亲一定是一位聪慧开明、富有远见的人，"父母之爱子，则为之计深远"，在苦难的日子里，她从未放弃对儿子的鞭策与滋养，让他入私塾，让他受恩业。此后，他便在这诗词的道路上一去不能回头。

　　九岁时，黄景仁因在临考前蒙被苦思"江头一夜雨，楼上五更寒"的诗句，被同伴嗤笑，谁能想到他十六岁时参童子试，于三千人中一举夺冠，为此还赢得了"乾隆六十年第一人"的美誉。

　　对于即将踏上的科举之路，这样的起笔川不落拓，县全可以说自带高光。不少人对他青睐不已，"前常州府知府潘君恂、武进县知县王君祖肃，尤奇赏之"。人们对他报以多少期待，望他功成名就，望他蟾宫折桂，望他衣锦还乡。然而，他的好运气一开始便已用尽，从此科举之试屡考不中，于乡试止步不前。

　　科举未弟的学子，日子并不好过，或者于私塾之中谋得塾师之职，或者为人做幕僚，以期高官望族的重用。黄景仁胸怀抱负，心有不甘，他的心里，藏着李白的魂魄，文字中挥洒着李白一般的浪漫，游历中也寻觅着李白的身影。后来的日子,他"由武林而四明,观海;溯钱塘,登黄山;复经豫章,泛湘水,登衡岳,观日出;浮洞庭,由大江以归"。

他期待,在这条曲折的路上,也能感悟诗人仗剑独行、肆意畅游的豪情。

烟火的璀璨虚无缥缈,抓也抓不住;炊烟的气息却切切实实,不得不闻。

母亲年事已高,黄景仁不能任性到底,游遍安徽、江西、湖南等地,他不得不重新考量梦想与生活的关系,开始"以母老客游四方,觅升斗为养"。后来,他便陆续在湖南按察使王太岳、太平知府沈业富、安徽学政朱筠门下为客,虽说有了安身之地,却不免要受人的白眼。

然而,黄景仁于泥淖之中,始终不肯委弃的是他最后的倔强,是他对远方的眺望。

乾隆三十七年(1772年)的上巳节,安徽学政朱筠在太白楼宴请了许多文人,修禊赋诗。在府中辅校文书的黄景仁是参会中最年轻的一员,他一袭白衫,几步徘徊,便大笔挥就,以《笥河先生偕宴太白楼醉中作歌》一诗一鸣惊人。

此后,"高会题诗最上头,姓名未死重山丘。请将试卷掷江水,定不与江向东流"的磅礴之句如狂风席卷长江两岸,甚至有人将他与唐代王勃的《滕王阁序》并列。当时的大学者袁枚也盛称其风采过人,不同凡响。

那是他人生为数不多的辉煌时刻之一,时时在记忆中摇荡。十几年后,他的好友追忆时,这个场景依然清晰若昨:

> 赋诗者十数人，君年最少，著白袷，立日影中，顷刻数百言，遍视坐客，坐客咸辍笔。时八府士子，以词赋就试当涂，闻学使者高会，毕集楼下，至是咸从奚童乞白袷少年诗竞写，一日纸贵焉。
>
> ——洪亮吉《国子监生武英殿书签官候选县丞黄君行状》

二年后，二十七岁的黄景仁赴京考试，次年应乾隆帝东巡召试取二等，授武英殿书签官。至此，他对仕途多年的念念不忘终于有了回响。

本以为他终于有机会在人生的舞台上一展抱负，然而羸弱的身躯已开始每况愈下。黄景仁清癯潇洒，"美丰仪，立侪人中，望之若鹤"，自有一股俊逸少年气。后来，他面色潮红，双肩高耸，人们说这是"鸢肩火色"的短命之兆。如今，他更是气若游丝，不堪重累，"体羸疲役，年甫二十七耳，气喘喘然有若不能举其躯者"。

他时常感慨"似我渐成心木石，如君犹诗气幽并"，也没少自我嘲讽"十有九人堪白眼，百无一用是书生"；偶遇故人，积攒了千言万语，最终也只化作相对无言"风尘满面霜满头，教人那得有一语"；即便是普天同庆、欢天喜地的新春佳节，他也只能孤身自抱，就着冰冷的酒将心中的忧愁写下，"一岁似风吹剑上，百忧如形堕灯前"。他自知年岁不多，便早早托付了后事，"恐贫病漂泊，脱有遗失，因检所积，十存其二三，聊命故人编次之"。

病若游丝，身如飘絮，一家人的生活也在风雨中飘摇。凄风冷雨里，是他们无处安放的愁苦。

客苦吟，云阴阴。客吟苦，天亦雨。雨渐渐，风渐渐，孤灯荧曳刮作丝，欲灭不灭饥齟疑。风大起，雨忽止，冻鼓无声破柝死。深巷小儿呱呱啼，床头阿母知未知。

——黄景仁《寒夜曲》

他一边在人生的旋涡里挣扎，一边用手中的笔记录自己在人世间的喜怒哀乐。苦吟不永，哀极必伤。黄景仁怎会不知这个道理呢，可是手中的笔不容他歇下，胸中的情不容他搁置。将日子写成诗，是他走在这人间的最后倔强。

三十二岁时，黄景仁和好友洪亮吉去顺天府应试，这也是他最后一次走上考场。因为此时的黄景仁已经是烛火飘摇，家里也接近无米下锅的状况，得人资助才勉强度日。这一年，洪亮吉考试成功，他却只能寄居北京法源寺养病。后来的他，在贫病与穷困的交织中仓皇度日，欠下累累巨债，竟被债主四处追索。

这样不堪的日子，他咬着牙生生咽下。

那年三月，为避债主，黄景仁抱病离开北京，前往西安。刚到山西运城，他便病情恶化，已经"手不能书，画之以指"，他瑟缩着身子，颤抖着双手给洪亮吉写信，托付老亲弱子，拜托身后事宜。

然而，谁能快得过黄泉路上的索命呢？洪亮吉快马疾鞭到达黄景仁的住处时，满目所见是残纸飞扬，一片狼藉，屋内已无一贵重之物，只剩下他形如枯骨的身躯和那一顶破败不堪的帽子。

如果，黄景仁的一生就这样作结，命运对他未免太苍白、太残忍了些。很少有人知道，他心中的绮丽缠绵，始终为那一个人停留着。在那十六首《绮怀》诗中，我们隐约可以看出他与爱情的相遇与别离。

正月十五，迎紫姑神，"朱鸟窗前眉欲语，紫姑乩畔目将成"，他和她在南窗下眉目传情。从正月里湔裙到五月里斗草，欢乐的日子悠悠而过；午后相约，他笑看她绢上绣花，教她临帖学书，"流黄看织回肠锦，飞白教临弱腕书"。欲待分别之时，一切都化入烟尘，无情可寄，"检点相思灰一寸，抛离密约锦千重"。

到后来，一切成空，物是人非，他只能枯坐着，苦等着，任一杯杯美酒酿出哀愁：

> 几回花下坐吹箫，银汉红墙入望遥。
> 似此星辰非昨夜，为谁风露立中宵。
> 缠绵思尽抽残茧，宛转心伤剥后蕉。
> 三五年时三五月，可怜杯酒不曾消。

——黄景仁《绮怀》其十五

昨夜星辰记录他们月下相逢的悱恻，今夜星辰只能伴着他的孤影，侧听漏更。抽丝剥茧，抽出的是绵延不尽的相思，一层层包裹的是一颗黯然神伤的心。奈何酒入愁肠，更添愁。他的思念，都熔铸成那一个望月的姿势，此生不得解脱。

那一段无法扭转的悲剧爱情，在最初由翁方纲刊印的《悔存诗钞》中悉数被删尽，好在黄景仁的好友洪亮吉看到以后中肯地评价"删除花月少精神"，才有幸将它们保留下来。

如果失去风花雪月，他的一生才叫枯槁如灰。那些遗憾也好，那些痛苦也罢，流在他血液里，至少增添了不少温柔与鲜活，让后世的人们看到他形销骨立背后的缱绻情深。

我想，黄景仁泉下有知，定会感恩自己的诚心托付，也会感念好友的知己相逢。

一生悲苦，才子幻灭。望星如月，终不可歇。现代作家郁达夫心怀不忍，将黄景仁的故事演绎成小说《采石矶》，将他的一生定格在太白楼上神采飞扬的一刻：

> 本来是纤长清瘦的他，又加以久病之余，穿了一件白夹春衫，立在人丛中间，好像是怕被风吹去的样子。清癯的颊上，两点红晕，大约是薄醉的风情……

爱君笔底有烟霞：张问陶

> 一林随意卧烟霞，为汝名高酒易赊。
> 自誓冬心甘冷落，漫怜疏影太横斜。
> 得天气足春无用，出世情多鬓未华。
> 老死空山人不见，也应强似洛阳花。
>
> ——张问陶《梅花》

乾隆年间，诗坛上出现了从古至今皆罕见的"三兄弟三妯娌诗人"，即张问陶及其兄问安、弟问莱、嫂陈慧殊、妻林颀、弟妇杨古雪六人，因皆有文采，善于诗词，被世人颇为称道。

此时的张问陶，已经名动天下，被誉为"青莲再世""少陵复出"、清代"蜀中诗人之冠"，与袁枚、赵翼合称清代"性灵派三大家"。然而，细数他一路走来的泥泞岁月，最打动我的还是他的妻子林颀对他的那句真情表白："爱君笔底有烟霞。"

很多时候，爱上一个人并不因为什么，只是他曾写下过令人动心的辞藻。

张问陶自少时便饱览群书，博研名画，勤学苦练，十五岁时一首《壮志》展露才华，抒怀壮情，气概不凡。"咄嗟少年子，如彼玉在璞。光气未腾天，魍魉抱之哭。人生不得志，天地皆拳曲。慷慨对中原，流年何太促。"

彼时的他，因父亲受牵连去职，家产赔累殆尽，全家生活陷入困境，在泥泞中踱躞而行。张家八口曾困居江汉，常常数日断火断炊，乞食无门。凄然四顾，尘世喧嚣于他而言，只是徒增寥落。然而他诗卷不辍，伏案苦读，辗转到了北京，只为有朝一日"为天子大臣，上书继臣朔"。

乾隆四十九年（1784年），二十岁的张问陶在北京与四川涪陵周兴岱（号东屏，时任赞善官）之长女成亲，次年周氏在乘船回川省亲途中生一女。千金在怀，他自是喜不自胜，提笔将一腔喜悦写下：

> 剖得双鱼万里迟，七襄新织引珠诗。怜余故国天边远，问汝前因月上知。
> 习礼他年宜学母，慰情此日似生儿。思归预想还乡乐，绣褓初添玉一枝。
> ——张问陶《九月二日得家书知七月三日生女以枝秀名之》

这时的张家家境更为困顿，生活更为艰难，有时竟到

"仅求衣食亦无缘"的地步。可惜在贫病交加中,张问陶等来的不是命运的慰藉,而是频繁的痛击。乾隆五十一年(1786年)五月,春花凋谢,陌上草衰,周氏病逝于涪州,不久小女也夭折。

灯昏摇曳,物已阑珊。他辗转难眠,对着空阁旧室,为红颜早逝的妻子和襁褓中的女儿默默悼念:"何处招魂呼妙子,年来三度过稠桑""一襟花鸟春衫小,尚记牙牙学语时""梦入夜台惟白晓,离鸾雏凤不重来。"然而,梦入楼台,招魂不得,他笔底写下的层层相思,终究无法寄予人间天上。

时光不曾对他温柔,可他还有自己的路要走。

那年秋天,张问陶与兄长张问安一同去成都参加乡试,闲暇时参与诗会,唱酬应和。回想起他一路从泥泞中蹀躞而来,回想着自己遭遇的生离与死别,正如梅花身处冰雪低谷。

> 一休随意卧烟霞,为汝名高酒易赊。
> 自誓冬心甘冷落,漫怜疏影太横斜。
> 得天气足春无用,出世情多鬓未华。
> 老死空山人不见,也应强似洛阳花。
>
> ——张问陶《梅花》

或许已花开无期,或许就要冷落风中,但是即使以清冷的姿态来过,他也要将自己的心事——描摹;即使老死空山，不被人爱，也不改初衷。张问陶把梅花的香、梅花的品、梅花的气、梅花的格都写得淋漓尽致，他的一腔真性情在诗词文坛铿然回响。

他最爱写梅花，也最会写梅花，将自己的至情至性染上墨香，糅进一株株花瓣："美人遗世应如此，明月前身未可知。""天生不合寻常格，莫与春花一例看。""开迟才觉春风暖，先听流莺第一声。"他的这组诗作被一大群爱好者流传、抄阅，张问陶自此诗名大噪，竟然有文人开玩笑说"我愿来生作君妇，只愁清不到梅花"。

殊不知，他正因着这些凌寒傲放的梅花开启了一段新的姻缘。

那段时光，张问陶的名字如片片雪花，飞到了书香门第，飞到了官宦门庭，飞到寻常百姓家。成都盐茶道林儁（号西厓）爱慕其文才，将女儿林韵徵（名颀，号佩环）许配给他。

其实，二人的缘分早已悄悄写下。

彼时，张问陶和林儁的第三子林蓍娶的都是周兴岱的女儿。于林颀，他是哥哥林蓍的连襟，他的亡妻是嫂嫂的姐姐。她曾听说过他与妻子的深情款款，更仰慕于他笔下那清雅通透的梅花仙姿。张问陶对林颀也早有所留意，她是妻妹夫的妹妹，玲珑少女，官宦千金，才情温柔。

心动就那样自然而然，避无可避。在林儁的主持下，他们终结连理，成百年之好。张问陶曾作《丁来九月赘成都盐茶道署，呈外舅林西厓先生》表达知遇之恩，感激之情："黄河九曲终千里，大鸟三年始一鸣。惭愧祁公能爱我，夜窗来听读书声。"

那段日子，他在门前观花，信笔写下；她在背后凝眸，无限温柔。缱绻的岁月，美好得有些不真实。

冬天，张问陶提笔作画，复制妻子的温柔为一幅小像，疏疏梅花树下，她临风而立，眉目温柔，可他总觉得"得其神似而已"。林颀却如获至宝，题诗一首表明心迹：

爱君笔底有烟霞，自拔金钗付酒家。
修到人间才子妇，不辞清瘦似梅花。

——林颀《题画》

此时的张问陶虽然仍是一介寒士，身无功名，林颀却倾心已决，为他的才情折服，哪怕荆钗布裙、粗茶淡饭。为了所爱的人，她不惜拔下头上金钗付酒钱，陪君一醉，此生能做他的妻子，她不辞朱颜瘦，甘做梅花魂。

知音相逢，苦难的日子也能酿出蜜来，张问陶对富有才情的妻子林颀也不吝赞美："我有画眉妻，天与生花笔。临稿广寒宫，一枝写馨逸。""一编尽有诗情味，夫婿才华恐不如"。为了表达对妻子的爱恋，他抛却理学旧念，只为一抒性灵，一叙真情。

翁翁红梅一树春，斑斑林竹万枝新。

> 车中妇美村婆看，笔底花浓醉墨匀。
> 理学传应无我辈，香奁诗好继风人。
> 但教弄玉随萧史，未厌年年踏软尘。
>
> ——张问陶《斑竹塘车中》

林颀曾自比梅花，而那红梅初开的浓浓春意，便是他密密匝匝的思念。而有了家庭为倚靠，他才能无后顾之忧，专心追求更广阔的世界。

婚后第二年，张问陶赴京师参加顺天乡试，高中举人，后又进士及第。此后，张问陶常年宦游在外，分别的日子里他与林颀频繁鸿雁往来，以慰相思。灯花欲暮，夜寒有梦，他便拥被而眠，在梦中吟咏。高中以后，携妻子进京，游山玩水，诗词唱和便可忘却舟车劳顿。

否极泰来的张问陶高中后，一开始为翰林院庶吉士，后来出任山东莱州知府。在复杂的官场上，他依然坚持做那株有自我的梅，为官清正廉明，从不徇私枉法，体察民情，奖掖后进，深得民心，后人奉为典范。

这样活色生香的生活与经历，是他创作的源泉，也是他创作的底色。不管是男女情思，还是江湖意趣，不管是官场沉浮，还是人间愁苦，他始终坚持摒弃世俗，抒发真情，每一首诗词，都是出自我心，同样的主题，要写出不一样的自我。

翻遍诗，看遍字，诗人原是有情人。名列"性灵派诗人"的袁枚评价他的诗沉郁空灵，为清代蜀中诗人之冠，后世人也评价他"船山诗生气涌出,生趣飞来"。

晚年的张问陶寓居姑苏的七里山塘,与白居易祠比邻而居,在小桥流水间老去。他去世时,三个女儿尚未出嫁,家境依然寥落不堪。他的家人无力扶其灵柩回乡,只好暂殡于苏州光福镇。次年,其儿女得到张问陶生前好友的资助,张问陶才得以归葬故乡遂宁。

我想,即便不能回归故里,长眠于姑苏城外,张问陶也是愿意的。因为那光福镇的香雪海里,梅花盛放之时,映在浅浅的池塘,正如那年他写下梅花时的那一股情愁,也正如林顾爱慕的疏影横斜,清浅照水的那一抹温柔。

末路幽花一词魂：蒋春霖

> 叠砌苔深，遮窗松密。无人小院纤尘隔。斜阳双燕欲归来，卷帘错放杨花入。
>
> 蝶怨香迟，莺嫌语涩。老红吹尽春无力。东风一夜转平芜，可怜愁满江南北。
>
> ——蒋春霖《踏莎行·癸丑三月赋》

岁月蹂躏山河，山河模糊记忆。乱世里，向来不缺的，便是咄咄怪事。

苏州的垂虹桥下，吴侬软水细细流淌了千年，每当皓月当空，长桥卧波，笼罩在夜色之中，别有一番意境。这里，飘过了姜夔笔下红唱箫和的诗意翩翩，飘过了唐寅画里吴门才子桥畔送别的杨柳依依。

那一年，随着春风送来的，却是水云楼中的一缕幽魂。末代词人蒋春霖，以这纵身一跃入水的姿态告别了人世，权作了多少文人茶余饭后的谈资。

遥想当年,十二岁的蒋春霖随父亲登上黄鹤楼的情景恍如眼前。黄鹤楼名动天下,佳作名篇迭出不穷,珠玉在前,他却初生牛犊不怕虎。眼望大江东去,蒋春霖依然诗兴勃发,大有压倒词坛前辈之势,被当地诗坛高手称为"乳虎"。

然而,这种文采骏驰、意气风发的生活没有持续多久。蒋春霖的父亲离世,家道中落;后来,他为了生计屡次踏上科举之路,却屡屡铩羽而归。道光十七年(1837年)到道光二十七年(1847年)的十年,凄风冷雨,夜暗昏灯,他这样熬过。

面对逆境,有的人苟延残喘,有的人绝处逢生。而蒋春霖选择一意孤行。道光二十八年(1848年),他来到了扬州开始自谋生路。受词友杜文澜的推荐,三十四岁时他到东台盐运分司做了官,才温饱无虞,暂避风雨。

然而,彩云易散,好景不长。眼看着事业和生活刚有起色,母亲和爱妻却先后亡故。他曾在一首词里悠悠倾吐自己的一片寂寞与相思:

> 当时曲槛花围。却月疏栊,玉臂清辉。纨扇抛残,空怜锦瑟,西风怨入金徽。返魂烧尽,甚环佩、宵深怕归。茫茫此恨,碧海青天,惟有秋知。
>
> ——蒋春霖《庆春宫》

此时,他的妻子已经去世四月有余,而他的愁绪与苦闷却只是开始而已。咸丰末年,四十岁的蒋春霖遭罢官,不得不离开富安，寓居在东台寿圣寺的水云楼。那里，是他半生潦倒的开始，也拉开了他词坛辉煌的序幕。

他决然焚毁诗稿，开始专意填词，编辑为《水云楼词》。一时名声大振，许多人慕名而来与他结交，其中便有助力他重回政坛的乔松年和金安清。然而，人到中年的蒋春霖仍然没有学会明哲保身，没有学会人情世故，依然坦言官场利弊，依然正道直行，不肯将歇。金武祥在《蒋春霖传》写道："春霖抵掌陈当世利弊甚辩，謇侃奋发"，这样的性子得罪他人只是时日问题。果不其然，不久金安清被调离以后，他便丢了官职。

当时的清朝统治摇摇欲坠，太平军与清军交战，战火纷飞，人世亦倥偬。蒋春霖在这乱世之中虽潦倒不堪，不能也从未想过独善其身，而始终真切地面对时事的风云巨变和民生的涂炭。他以笔为刀，将当时的苦难与忧愁——刻下，词作有"词史"之誉，词名与纳兰性德和项鸿祚比肩。

清咸丰三年（1853年），太平军已自金田一路北上，攻陷南京，宣布以南京为都，改称为天京。

  叠砌苔深，遮窗松密。无人小院纤尘隔。斜阳双燕欲归来，卷帘错放杨花入。

  蝶怨香迟，莺嫌语涩。老红吹尽春无力。东风一夜转平芜，可怜愁满江南北。

——蒋春霖《踏莎行·癸丑三月赋》

烽火过处，小园无人，青苔已深。旧时燕再难回，花间蝶亦无香。放眼望去，都是离乱人，都是荒凉地。蓦然想到王羲之笔下的"永和九年，岁在癸丑"，多少个轮回过去，繁华与雅致都已散尽，落成这乱世中的杨花。

那一年，他曾亲眼见证一个秦淮女子从珠钗满头落魄成蓬头垢面，从身姿妖娆到神情恍惚，谱成《虞美人》一曲：

【金陵失，秦淮女子高蕊陷贼中数月，今春见于东陶，愁蛾蓬鬖，不似旧时矣。】

风前忽堕惊飞燕。鬖影春云乱。而今翻说羡杨花。纵解飘零犹不到天涯。

琵琶声咽玲珑玉。愁损歌眉绿，酒边休唱念家山，还是兵戈满眼路漫漫。

虽悲可悲事，仍怜可怜人。而他，也不过是这千千万万个高蕊中的其中一个，摇摇晃晃、苟苟且且地继续过着日子。

世上已没有什么期盼的事，没有什么等待的人，蒋春霖的晚年凄苦窘迫，不堪一提。未承想，他在泰州滞留期间，邂逅了黄婉君。黄婉君本为歌姬，常常将蒋春霖的新词倚声而唱。他将婉君视为知己，经朋友杜文澜撮合，纳为姬妾。

没有人能未卜先知，婉君善歌，最后也奏响了蒋春霖的挽歌。但至少他们曾有过短暂花月春风的诗意，有过红袖添香的缱绻：

> 人未起，桐影暗移窗纸，隔夜酒香添睡美。鹊声春梦里，妆罢小屏独倚。
>
> 风定柳花到地，欲拾断红怜素指，卷帘呼燕子。
>
> ——蒋春霖《谒金门》

但是，开门七件事，柴米油盐酱醋茶，哪一项不需要金钱，哪一项不需要操劳呢？迟暮之年的风流抵不过一地鸡毛的打击。蒋春霖早就失去了生活来源，一贫如洗，仅凭着当年为盐官时几家盐商感念的情分，时时接济才能勉强温饱。

这样朝不保夕的生活终究不是长久之策，清高意气的蒋春霖虽依然笔耕不辍，却满是潦倒不堪："江寒路远，趁野井、露泉寻遍。帐角支铛，矛头淅米，凉飙催晚。""病来身似瘦梧桐，觉道一枝一叶怕秋风。"他惧怕，惧怕人们的冷眼旁观；他无奈，无奈人世的艰难困苦；他也茫然，茫然这无尽的世俗坎坷。

那时的黄婉君跟随他左右，陪他风里来、雨里去，风花雪月也历过，但更多的却是辛酸苦辣。有传言说，她后来染上了毒瘾，为了那几家盐商每月的生活费和毒资，她竟再次出卖了身体，与其中一家的司账暧昧日久。蒋春霖忍着羞辱与痛楚，带着黄婉君逃离，渴望再次觅得安身之地。

这偌大世界，世态炎凉，他思来想去，能投靠的只有昔日好友杜文澜。

沿着江南的青石板路，磕磕绊绊，终于一路来到了苏州，然而在杜文澜的府邸却吃了闭门羹。那看门人或许是假晴雯，蒋春霖却做了真黛玉。乱世生活苦，女子情义薄，他都一一挨过了。而如今投靠挚友无门的残酷现状，成了压死他的最后一根稻草。这世间，终究是容不下他了。

同治七年（1868年）的冬天，晨雾未散，烟火未起，垂虹桥畔依然寂静无声，五十岁的蒋春霖从寓居的小舟中缓缓走出。这里，姜夔曾写下"小红低唱我吹箫"，应是他一代词客追古惜今的绝佳机会。而如今面对"环如半月，长若垂虹"的江南第一长桥，他却再没有了吟诗填词的兴致，有的只是沉沉的叹息和默然无声的泪。

命运如同眼前的水，他早已被困住，无法泅渡。他将怀中的药包仰头服下，身子一斜，沉入这冰冷的水中。

后来，有传言说黄婉君为证一己真心，亦自杀殉情，一死了之。真心也好，假意也罢，已随烟水而逝的蒋春霖却再也无从得知，只带着满腔的遗憾与痛楚，沦为黄泉末路的一缕幽魂。

至此，水云楼词断，垂虹桥魂灭，蒋春霖的坎坷一生走到了尽头，只漾起微微波痕，打了几个漩儿便倏忽不见。只愿他与姜夔在垂虹桥下的水波里相遇时，能再吟词一首，生时为词人，死亦有词魂，方不负他曾闪耀着光芒的那段人生。